いまさら聞けないQ&A

定年後に後悔しないお金の大正解100

プレ定年専門FP®(ファイナンシャルプランナー)
三原由紀 監修

永岡書店

はじめに

これから定年を迎える世代に向けて、お金に役立つ知識を発信する「プレ定年専門ＦＰ®」として活動している三原由紀です。私自身もプレ定年世代として、そしてサラリーマンの夫を持つ主婦として、みなさんと同じ視点でお金について多くの相談を受けています。

そのなかで、自分の年金や退職金についての基本を知らない人たちが大勢いることを感じていました。特に、会社員として働いてきた人たちは、お金のことは会社に任せていれば何とかなってきたことでしょう。

しかし、定年後の働き方や年金・退職金の受け取り方は、定年前から考えておかないと手元に残るお金が大きく変わります。定年後はこうしたお金の手続きを、すべて自分で行わなければなりません。

加えて、どんなときに、どの制度が利用できるのかがわかりにくいがゆえ、知らずのうちに損をしてしまう、といったケースも見てきました。

最近は「定年前後のお金の本」がたくさん並んでいますが、そうした本の多くは「お金を増やすこと」について書かれています。もちろんお金を増やすことも大事ですが、それ以前に、お金についての基礎知識を持ってもらい、自分のお金を守っていくことの重要性を感じたのです。

本書では、お金に詳しくない定年前後の世代の人から寄せられた疑問を100問集めました。Q＆A方式で要点をまとめているので、一つひとつ読み進めていくことで、将来のお金への不安が解消されていきます。これから迎える老後生活を安定したものにすべく一緒に学んでいきましょう。

合同会社エミタメ代表／プレ定年専門FP® 三原由紀

プロローグ

老後の生活を左右する

定年前後のお金の選択

～損得の分かれ道～

定年前後の選択次第で「将来もらえるお金」が大きく左右されます。損をしないためにも、定年前後に発生するお金の選択による影響を知ることから始めていきましょう。

合同会社エミタメ代表
プレ定年専門FP®
三原由紀

損するコース
得するコース
待って～
定年
得するコースに
行きたいけど…
重要な
選択ね
…

選択 1

どうする？

定年後の働き方

損する選択

▼働かず、年金と退職金を頼りに暮らす

退職金で一時的に蓄えが増えますが、定年後まったく働かないと、貯金が減っていく一方。貯金が底をついてしまうと年金収入しかなくなってしまうため、そのなかでやりくりするしかありません。

得する選択

▼元気なうちは、できるだけ長く働く

定年の年齢は会社によって異なりますが、仮に60歳で退職すると、年金がもらえる65歳までは無収入です。働けるうちは働いて労働収入を得たほうが、老後の活力と安定した生活につながります。

元気なうちは労働収入を得たほうが、安定した生活を送れます

どうする？ 年金の受け取り準備

損する選択

▼もらえる金額を確認せず受給スタート

年金受給を開始すると、年金額を増やすことはできません。受給前に対策をしておけば増えるはずだったお金を受け取り損ない、生涯損をしたままの苦しい老後生活となってしまいます。

得する選択

▼定年までに、もらえる年金を確認する

年金受給が始まる前にもらえる年金や金額を確認しましょう。もらえる額が少なくても、年金を増やす準備と対策ができます。年金額は生涯変わらないため、受給前の対応で大きな差が生まれます。

受け取り前の準備次第でもらえるお金に差がついてしまうんだ

選択 3

どうする？

退職金の受け取り準備

損 する選択

▼よく考えずに、成り行きで受け取る

退職金について何も確認せずに受け取ると、税金の支払いで損をする可能性があります。特に、何の手続きも行わず退職金を使うと、あとで税金を納めるのが厳しくなることも考えられます。

得 する選択

▼退職前に制度を確認する

退職金は会社によって、有無や制度が異なります。そして、退職金の額は同じでも、受け取り方次第でかかる税金や社会保険料が大きく変わることもあるため、退職前によく確認しておきましょう。

退職金は老後生活の大切な資金源。会社任せにしていてはダメですよ！

選択4 どうする？ 65歳からの**収支**の準備

損する選択

▼年金と貯金だけで……とにかく我慢！

老後に使えるお金は年金や貯金だけだと思い込むのはやめましょう。お金の増やし方を知らないと、せっかくもらえるはずのお金が受け取れず、知らずのうちに損をし続けてしまいます。

得する選択

▼支出を抑えつつ資産運用を行う

年金は増やせますし、収入が減ったら給付金がもらえることも。NISA（ニーサ）やiDeCo（イデコ）を利用して資産運用をするなど、労働収入以外にお金の増やし方を知っておくと得する選択肢が増えます。

先を見据えてお金への先手を打つことが大切なんだ！

To Do List

定年前後のお金の手続きやることリスト

お金に関して保障をしてくれる公的な制度や給付金はさまざまありますが、申請しないともらえないことが多いです。どんなときに、どんな制度を利用して、どんなお金がもらえるのかを把握しておきましょう。

PART 1 年金

- ☑ どんな年金が、いくらもらえるのかを確認する
- ☑ 過去に年金の未納がないかを確認する
- ☑ もらえる年金額を増やす方法があるかを調べる
- ☑ 60歳前に退職する場合、加入する年金を確認する
- ☑ 配偶者が亡くなった場合や離婚した場合の年金がどうなるのかを把握しておく

PART 2
退職金

- ☑ 退職金の有無と制度を調べる
- ☑ 退職金にかかる税金を調べる
- ☑ 定年前に転職（籍）した場合の退職金の取り扱いを確認する

PART 3
失業保険

- ☑ 退職後にもらえる失業保険を確認する
- ☑ 定年退職が65歳前後になる場合、失業保険の受給額に変動があることを把握する
- ☑ 収入が減った場合にもらえる給付金を確認する
- ☑ スキルアップを支援してくれる制度があることを把握する

PART 4
公的医療保険

- ☑ 退職後に加入する公的医療保険を検討する
- ☑ 医療費が高額になった場合に利用できる制度を確認する

PART 4
公的医療保険

☑ 医療費以外に受けられる給付やサービスを把握する

☑ けがや病気で働けない場合にもらえる給付金を確認する

PART 4
公的介護保険

☑ 65歳以降は、公的介護保険の保険料が上がることを把握する

☑ 公的介護サービスを受けられる条件を把握する

☑ 公的介護サービスを受けずに在宅介護を行っている場合に、もらえる給付金を確認する

☑ 家族の介護のために介護休業を取得した場合に、もらえる給付金を確認する

☑ 介護費が高額になった場合に利用できる制度を確認する

☑ 家族の介護が必要で自宅のリフォームを行った場合に、もらえる給付金を確認する

PART 5 資産運用

- ☑ 資産運用のしくみを把握する
- ☑ リスクを抑えた投資の方法を知る
- ☑ NISA（ニーサ）やiDeCo（イデコ）の利用を検討する
- ☑ 金融商品の種類を把握する

PART 5 そのほかのお金まわり

- ☑ 定年後の働き方を考える
- ☑ 定年後の収入と生活費を計算する
- ☑ 定年後にかかる特別費の計算をする
- ☑ 確定申告が必要になるケースを把握しておく
- ☑ 加入している民間保険の見直しをする
- ☑ 退職金の使い方の計画を立てる
- ☑ 相続・贈与に関する税金・手続きを把握する

公的な保険でも保障してくれる方法がたくさんあるんだね
助かるわ！

生活が苦しくても、選択次第でいろいろな対策がとれます！

Contents

PART 4 知らないと損する！「老後の支出」を抑える基本ワザ

PART 5 「老後に使えるお金」をコツコツ増やすお助けワザ

・本書に記載された情報は2023年12月末時点において作成されたものであり、予告なく変更される場合があります。

・情報の利用の結果として何らかの損害が生じた場合、監修者および出版社、制作関係者は理由のいかんを問わず責任を負いません。

働き方 年金 退職金 収支

PART 1

50代で知っておかないと損する「お金の基礎知識」

Introduction

働く？　働かない？

定年後の働き方次第でもらえるお金に差がつく！

◆定年後の働き方には主に4つの選択肢がある

「人生100年時代」、定年後に働くか、働かないかは重要な選択です。定年後の働き方は主に**❶継続雇用で働く、❷再就職で働く、またはその予定、❸フリーランスになる、起業する、❹働かない**、という4つに分類されます。そして、選択次第で将来もらえるお金が変わります。まずは何が変わるのかを知り、そのうえで選択しましょう。

選択❶：継続雇用で働く

継続雇用とは、現在勤めている会社で定年後も継続して働くことです。継続雇用を選択すると、一般的には新たな雇用契約に切り替わり、今までの業務内容とあまり変化がないにもかかわらず、収入が7割以下へ減ってしまうケースもあります。ただし、毎月決まった収入が入るため、例えば60歳で定年を迎えても、年金がもらえる65歳までの生活費や使えるお金の計算がしやすいでしょう。

選択❷：再就職で働く、またはその予定

再就職とは、定年を機に転職することです。定年まで勤め上げて時間ができてから就職活動を始める場合でも、失業保険を受け取ることができます（112、130ページ参照）。こうした制度を知らないと、本来もらえるはずのお金がもらえずに損をしてしまうため、失業保険について調べて積極的に活用しましょう。

選択❸：フリーランスになる、起業する

定年後、新しいことに挑戦するためにフリーランスになる、あるいは起業することもあるでしょう。その場合、開業資金が必要となってきます。また、ある程度の収入が見込めるのであればよいですが、事業がうまくいかないリスクも考えられるでしょう。

そのため、開業資金はできるだけ抑え、最小限のコストで始めることを意識したほうがよいです。また、会社員から独立する場合、失業保険はもらえません。さらに自営業者や個人事業主は厚生年金への加入がないため、将来の年金は増えない、といった確認も必要です。

選択❹：働かない

会社の規定によって定年の年齢は異なりますが、仮に60歳で定年退

職した場合、年金がもらえる65歳までの5年間、どのように生活するのかを考える必要があります。

今働いている人はこの先も働くのか、働くとすればどのような働き方を選択するのか、働くのを辞めるとすればこれまでと変わることはあるのか……。最期まで幸せに暮らすために、一歩先の未来までぜひ考えてほしいのです。

Q.001

自分の年金について何も知らない……。どうすればいい？

Keyword
・ねんきん定期便
・ねんきんネット

A 「ねんきん定期便」などで基礎情報を確認しましょう

将来、もらえる年金について知りたい場合には、「**ねんきん定期便**」や「**ねんきんネット**」などで確認しましょう。

ねんきん定期便は、保険料納付の実績や将来の年金給付に関する情報などを記載した書面であり、毎年の誕生月付近に、はがきもしくは封書で送られてきます。

これに目をとおしておけば年金に関して知りたい情報のほとんどを得られますが、加給年金など、ねんきん定期便には記載されていない重要な事項もあるので注意が必要です。

▼ねんきんネットで24時間いつでも年金情報を確認できる

ねんきんネットは、インターネットを通じて自身の年金の情報にアクセスできるサービスです。24時間いつでもどこでも、パソコンやスマートフォンから自身の年金情報を確認することができます。

また、全国312カ所（2023年時点）に置かれている※年金事務所でも、もらえる年金額を教えてくれます。ねんきん定期便をなくしてしまった場合や、ねんきんネットにアクセスできない場合には問い合わせてみるとよいでしょう。

※年金事務所とは、年金の加入や住所変更の手続き、社会保険の適用や徴収、年金給付に関する相談や給付手続きなどを行う施設のこと。

Q.002

年金が振り込まれるまで何もせずにただ待っていればいいの？

Keyword
・年金の繰下げ受給

A 年金請求書を提出する必要があります

年金の受給開始年齢は原則65歳ですが、65歳になったら自動的に年金が振り込まれるわけではありません。**受給開始年齢の65歳に達する3カ月前から年金事務所より送られてくる年金請求書に必要事項を記入し、年金事務所に提出をする必要があります。**ただし、年金をどのように受け取るかによって、もらえる額が大きく変わる可能性があることを知っておきましょう。

例えば年金の受給方法のひとつに**繰下げ受給**（75ページ参照）があります。これは、本来の支給開始年齢である65歳より遅くに年金をもらう方法ですが、通常の受給額に比べて支給される年金の額が少し割増しになるのです。

▼納付済期間は足りていますか？

また、**国民年金の保険料納付済期間が40年（20歳〜60歳）に満たない場合、満額の年金を受け取ることができません。**しかし、60歳以降も任意に加入することによって受け取れる年金の額を増やすことができます。

ただし、国民年金の任意加入は、年金を受け取り始めると行えなくなってしまいます。あとで後悔しないために、50代のうちから保険料納付済期間が40年を満たせそうかを確認しておきましょう。

Q.003

退職金がちゃんともらえるのかが不安……。どうやって調べればいいの？

Keyword
・退職金
・就業規則

A 就業規則で確認するか、総務部などに問い合わせましょう

あなたは自分の退職金について、考えたことはありますか。そもそも退職金がもらえるのかを把握していない人も多いのではないでしょうか。定年後の生活設計をスムーズに行うためには、退職金の中身について把握しておくことが不可欠です。退職金制度の導入は法律で定められていないため、支給の有無や金額も会社によって異なります。

退職金の有無を知りたい場合、まず会社の**就業規則を確認する**とよいでしょう。自社に退職金制度が存在するのであれば、通常、退職金に関する規定が設けられているはずです。また、そうした退職金規定が社内の※イントラネットで公開されているケースもあります。

▼就業規則に退職金の記載がなかった場合は？

就業規則に退職金に関する記載がない場合や就業規則そのものがない場合には、総務部や人事部などの担当部署に問い合わせてみるとよいでしょう。あるいは自社の労働組合に確認するという手段もあります。また、福利厚生についてまとめた冊子などに退職金について記載されていることもあります。退職金を受け取る前に調べておきましょう。

※イントラネットとは、会社などの組織内で構築されたネットワークのこと。

Q.004

退職金って全額が一括で振り込まれるの？

Keyword
・退職金の受け取り方

Ａ 一括、分割、またはその両方でもらえることもあります

退職金の受け取り方には、**一時金型と年金型、一時金と年金の併用型という3つのタイプ**があります。一時金型は退職時に全額が一括で、年金型は退職後に分割で支払われます。併用型は一部を一時金、残りを分割で受け取れます。

会社の規定によって決まっている場合もあるかもしれませんが、任意で

選択できる場合もあります。自分の退職金がどのような制度になっているかを必ず確認しておきましょう。

ただし、「同じ金額がもらえるなら、どの方法でもいいや」といって、何も考えずに受け取るのはよくありません。退職金は受給額も大きいため、もらい方によって最終的に受け取る金額に差が生じ、損をしてしまう可能性があります。

例えば、一時金型は年金型に比べて税負担が少なくなるのがメリットといわれています。一方、年金型は、会社が一定の利回りで運用することが予定されているので、もらえる額が一時金型よりも増える可能性があるのです。

▼退職金の使い方は慎重に考える

なお、会社が採用している退職金の制度によっては、退職金を受け取るまで支給額がわからないこともあります。※**企業型確定拠出年金**（以下、企業型ＤＣ）とも呼ばれており、企業が掛金を毎月支払い、従業員が自分で投資商品を選んで資産運用する年金制度です。そのため、運用成績によって受け取れる退職金の額は変わってきます。

いずれにせよ、退職金は老後の生活のための大切な資金となります。投資や住宅ローンの一括返済などに使って大きく減らしてしまうと、後々、取り返しのつかないことになりかねません。退職金のもらい方・使い方については、くれぐれも慎重に決めるようにしましょう。

※企業型確定拠出年金（企業型ＤＣ）とは、企業が毎月掛金を積み立てて（拠出）、従業員（加入者）が自ら年金資産の運用を行う年金制度のこと。

Q.005

定年後の家計ってどうやってシミュレーションするの？

Keyword
・定年後の収支計算

A 毎月の収入から支出を引いて計算してみましょう

老後の人生設計を行うためには、定年後に収入がどれだけ得られるのか、また支出がどれだけになるのかをシミュレーションして、**家計のバランスを計算しておくことが必要**になります。

まず、収入としては、年金のほかに正社員やアルバイト、フリーランスなど何らかのかたちで仕事を続けることにより、得られる給与や報酬が挙げられます。

また、株式投資や不動産投資などの資産運用をするのであれば、配当や家賃収入などの※インカムゲインも収入に含めます。

一方の支出は、**日々の生活のために必要な「生活費」と、それ以外の特別な支出である「特別費」に分けて整理する**とよいでしょう。生活費は食費や水道光熱費、通信費など、特別費は旅行や趣味などの娯楽費用や慶弔費、家電や家具の購入費などが主な例として挙げられます。

▼生活費は毎月の収入で、特別費は退職金や貯金でまかなう

定年後の家計を考える際、毎月の支出（生活費）は公的年金や労働収入などの毎月の収入で賄えるようにしましょう。特別費に関しては、退職金や預貯金などでまかなうことを基本とします。毎月の収支が赤字になる場合は、退職金や預貯金などを切り崩していきます。

定年後の収支イメージ

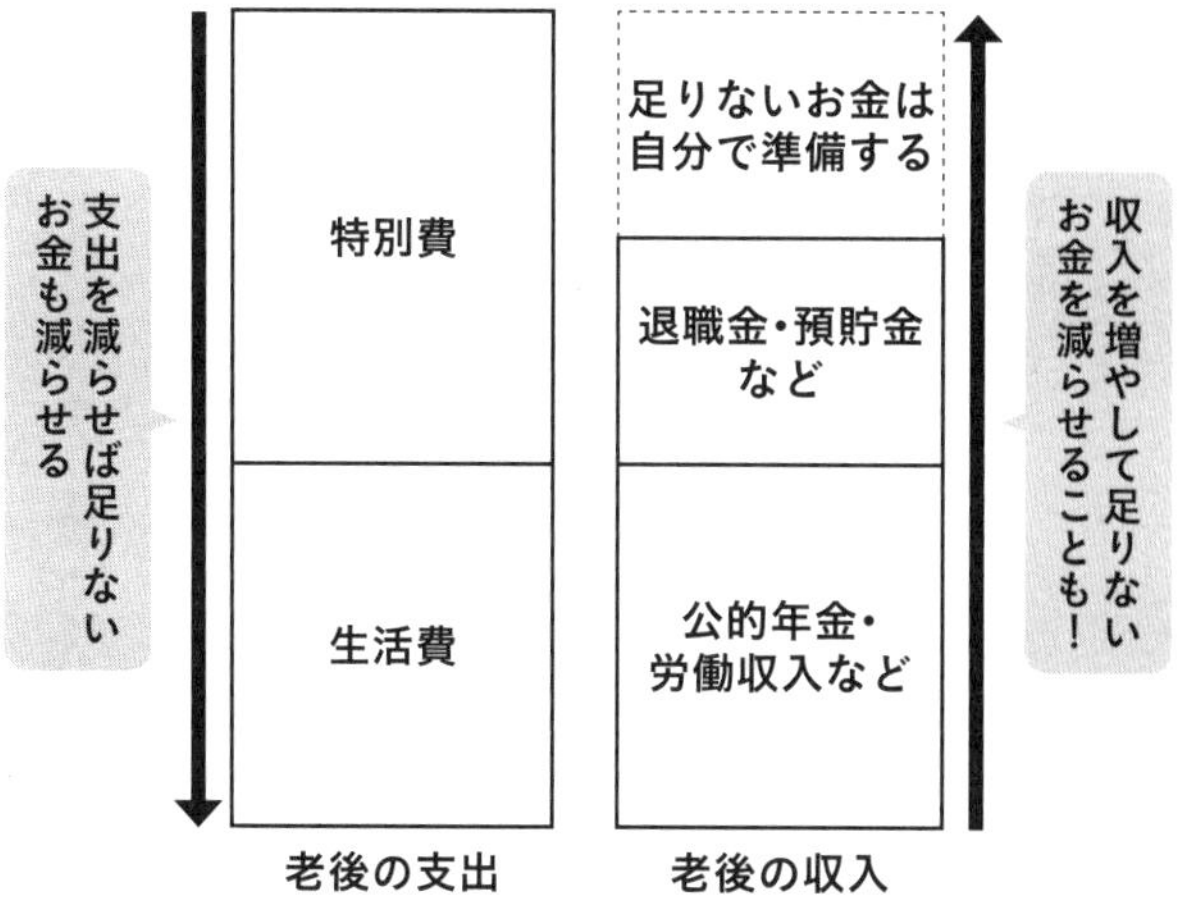

老後の支出	老後の収入
特別費	足りないお金は自分で準備する
	退職金・預貯金など
生活費	公的年金・労働収入など

支出を減らせば足りないお金も減らせる

収入を増やして足りないお金を減らせることも！

赤字を埋める切り崩しを減らすためには、まずは支出を減らすことを検討します。場合によっては、仕事の時間を増やしたり、年金額を増やしたりと、何らかの方法で収入を増やすことも検討しましょう。

※インカムゲインとは、預貯金につく利子のように、金融資産の保有によって得られる利益のこと。

Q.006

定年後の生活で見落としがちな支出って何？

Keyword
・税金、社会保険料

A 税金や各種社会保険料の支払いも必要になります

定年後の支出として想定しておくべき費用としては、**日々の生活費などのほかに税金や社会保険料**もあります。

税金は一般的に**所得税**や**住民税**が挙げられますが、マンションや土地などの不動産を所有しているのであれば**固定資産税**も支払わなければなりません。また、自動車やバイクを所有している場合には、**自動車税**も納めることが必要です。**固定資産税や自動車税は結構な額になることも多いので、そのための納税資金をしっかりと確保しておかなければなりません。**

それから、親が亡くなった場合には**相続税**が課される可能性もあります。相続した財産が高額だった場合、現預金が少ないと相続税を払えなくなるおそれもあります。そうした事態を避けるために、相続税対策が必要かも確認・検討しておきましょう。

▼国民健康保険料と介護保険料を自分で支払うことが必要に

また、社会保険料に関しては、会社勤めをしていたときには健康保険料と介護保険料が毎月の給与から天引きされていましたが、定年後は給与がありません。例えば、**定年後に健康保険を脱退して国民健康保険に加入すると、保険料の支払いを自分自身で行う必要があります。** 65歳以降は、介護保険の支払いに関しても同様です。

Q.007

老後のお金が足りない場合は、どうすればいいの？

Keyword
・年金額を増やす
・資産運用のリスク

A 投資よりも年金を増やすことを考えましょう

定年前後の収支を計算して資産の棚卸しをした結果、貯金だけでは「定年退職後の生活を送るのにとても十分ではない」「心もとない」と不安に感じる人もいるかもしれません。

しかし、安易に「投資で増やそう」と考えるのは禁物です。実際、退職金で株式投資などの資産運用を始める人は少なくありませんが、成功する例は多くありません。特に「ローリスク・ハイリターン」を謳った怪しい投資商品に手を出して、退職金を大きく減らしてしまうケースもあります。

▼投資は目標額を決めてから始める

そもそも、**投資は大きなリターンを得ようとすれば、失うリスクもそれに応じて高くなる「ハイリスク・ハイリターン」が原則**であることを心得ておきましょう。投資にはどのようなリスクがあるのかなど、まずは資産運用について十分な知識を得ることが重要です。

自分がどのような生活を送りたいのか、それを実現するためにはどれだけのお金が必要となるのか——具体的な目標額を決めたうえで、それをかなえるために最適なお金の増やし方を考えましょう。

お金を増やすために最も実行しやすい方法は、何といっても年金の額を増やすこと——そのためにできることを最大限行うことが大切です。

Q.008

定年後は自分で確定申告しなくてはいけないの？

Keyword
・確定申告
・年収400万超

A 確定申告が必要な場合は自分で行わなければなりません

確定申告とは、1年間の所得と所得税の額を計算して税務署に報告する手続きです。会社員の場合、給与が2000万円を超えているなど一定の条件に該当する場合以外は、基本的に確定申告をする必要がありません。会社が所得税の源泉徴収や年末調整などのかたちで、納税手続きを代わりに行っているからです。

▼確定申告が必要な場合とは？

ただし、年度の途中で年末調整を行わずに退職した場合は、所得税を払いすぎている可能性がありますので、確定申告を行うと還付（かんぷ）されます。

また、定年後に働いていない場合でも、**年金などによる収入が年400万円を超える場合は確定申告が必要**です。さらに、**年金収入が年400万円以下でも、年金以外の所得が20万円を超える場合には確定申告が必要**となります。年金以外の収入には、不動産などの家賃収入などが含まれます。

確定申告が必要であるにもかかわらず行わないでいると、税務署に脱税とみなされるおそれがあります。なお、医療費控除（163ページ参照）による還付を受ける場合や、ふるさと納税（224ページ参照）を6カ所以上行ったなどの場合にも確定申告が必要です。

PART 1　まとめ

定年後の収支を知るためのチェックポイント

☑ どのくらい年金がもらえるのか、ねんきん定期便などで確認する

☑ 会社の退職金制度について確認する

☑ 定年後の収入にも税金や社会保険料がかかることを知っておく

☑ 定年後の収入で、毎月やりくりできるのかをシミュレーションする

☑ 老後の生活費が足りない場合、支出を削ったり、年金などの収入を増やせないかを調べる

☑ 確定申告が必要なケースを把握しておく

公的年金

PART 2

定年後に後悔しない！賢い「年金」の受け取り方

Introduction

定年前に知っておきたい！

受給前の対応次第で年金額は増やせる！

◆国民年金の保険料は毎月1万6520円

「年金」と聞くと、「65歳になったらもらえるお金」というイメージが大きいですが、実際はどのような制度なのでしょうか。

日本の年金制度は主に、国が管理・運営を行う「**公的年金**」と、企業や個人が管理・運営を行い、任意で加入できる「**私的年金**」があります。どちらも保険料や掛金を払うことで、一定の条件を満たしたときに年金がもらえるしくみです。ＰＡＲＴ２では公的年金を中心に解説をしていきます。

公的年金には2つの種類があります。

ひとつめは、日本に住む20歳〜60歳までのすべての人が加入する「**国民年金**」。保険料は全国民一律で毎月1万6520円（2023年度時点）で、40年間納付すると約78〜79万円となります。受給金額は、納付期間に応じて決まります。

2つめは、会社員や公務員などが加入する「**厚生年金**」。従業員を雇用している会社に勤務する70歳未満の人が加入します。保険料は※標準報酬に応じて決まっており、例えば、標準報酬月額が30万円の人で会社と折半の場合の保険料は、毎月2万7450円（2023年度時点）です。

◆未納の年金保険料は穴埋めできる

「これだけ保険料を払ってきたし、60歳を過ぎて退職したら支払いがなくなる。あとは年金の受給を待つだけだ！」と、どこか開放的な気持ちになるかもしれませんが、それでは損をしてしまうことも……。

例えば、過去に転職をしていて、新しい会社に入る前のタイミングで年金切り替えの手続きを行わなかったなど、何らかの理由で**未納期間がある場合、将来受け取れる国民年金の額が減ってしまう**のです。

しかし、その未納となっている部分を、60歳以降も年金に任意加入して保険料を支払えば、穴埋めすることができます。つまり、年金をなるべく満額受給に近づけることができるようになるのです。

ただし、**年金受給を開始してしまうと、こうした任意加入制度など**

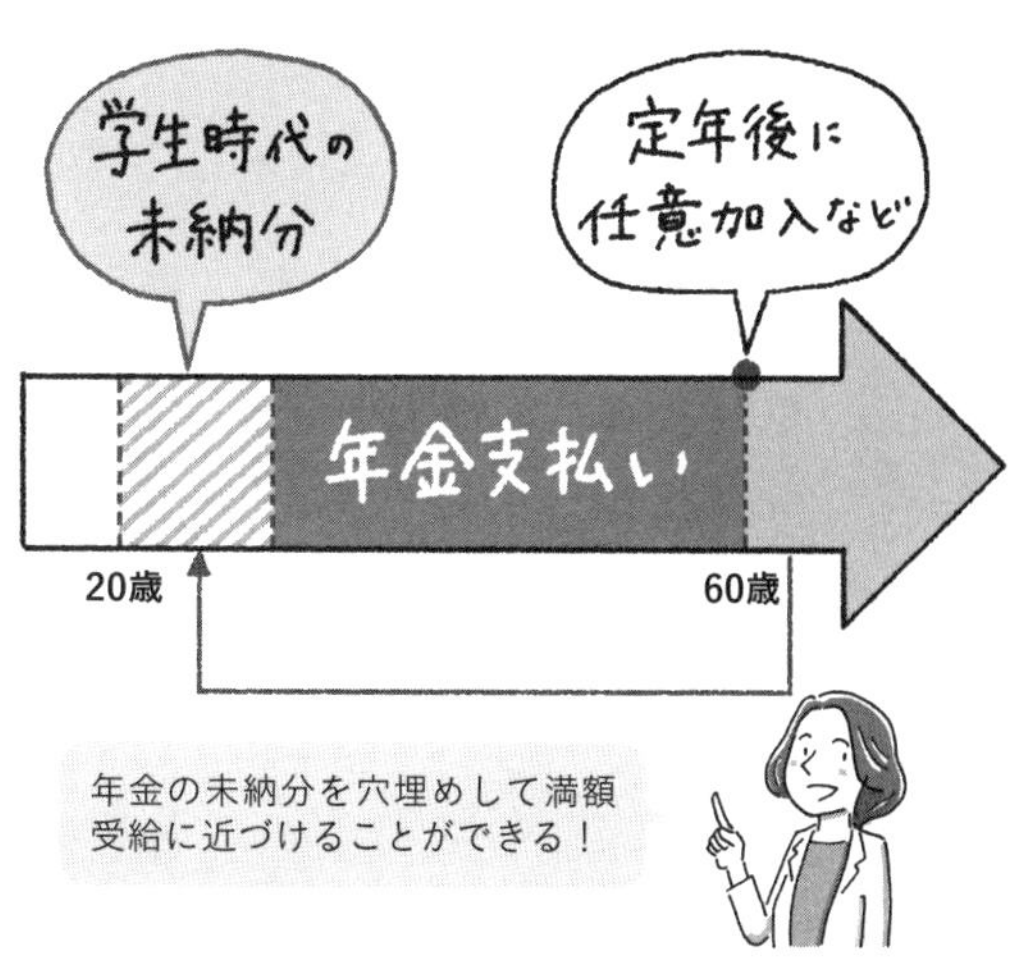

年金の未納分を穴埋めして満額受給に近づけることができる！

を利用して年金を増やすことはできません。年金受給前に制度や対応を知っておくと、「60歳で退職になるけど、年金受給が開始する65歳までは保険料を払おう」などの年金を増やす選択ができます。

年金受給前に「損をしない選択」をするか否かで、老後の暮らしが大きく左右されるのです。

※標準報酬とは、社会保険料の計算をするための概念。被保険者（従業員）が得た報酬（給与・賞与など）を一定の区分で計算すること、または基準となる金額。

Q.009

国民年金保険料を払っていない時期があったらどうなるの？

Keyword
・国民年金の未加入
・免除、猶予、未納

A 年金を満額受け取れなくなる可能性があります

国民年金の受給には受給資格期間があり、「10年間の保険料の納付済等期間」という要件を満たさなければなりません。これを満たしていなければ、最悪の場合、年金をもらえなくなる可能性があります。あるいは、もらえたとしても満額にはなりませんし、未納期間が長いと支給される額がわずかになってしまうこともあります。

現在、国民年金は20歳からの加入が義務づけられています。しかし、そのことを知らず「学生時代は放置していた」という人もいるでしょう。特に**1991年3月以前は学生の国民年金への加入は〝任意〟とされていたため、未加入の時期がある人は年金額が減る**ことになります。

また、転職経験のある人は未納になっている時期があるかもしれません。退職して、次の会社に入社するまでの期間は国民年金に加入する必要があります。にもかかわらず、その手続きをしなかった場合は、未納になっているケースがあるため注意しましょう。

▼免除・猶予・未納の違いを押さえよう

ただし、「年金を払っていない期間」には、国民年金保険料の「免除制度」や「納付猶予制度」の申請により、免除・猶予・未納という3つの区分に分けられます。この区分によって、将来の年金受給に関する対応が異なるため、それらの理解を深めていきましょう。

免除とは、年金加入の本人、世帯主、配偶者が失業などにより収入が下がった、またはゼロになった、といった経済的な理由で保険料の納付が困難になった場合に、納付を免除されることです。これを**保険料免除制度**といいます。免除される額は、全額、4分の3、半額、4分の1の4種類があり、免除されている期間も受給資格期間へ算入されます。

猶予とは、年金加入の本人、配偶者の所得が一定以下の場合、保険料の納付が先送りにできます。これを**納付猶予制度**といいます。対象者は、2016年6月までは30歳未満、7月以降は50歳未満です。

免除または猶予の申請を行っていれば、保険料を免除・猶予されている期間にけがや病気などにより障害や死亡などの事態に陥っても、障害年金や遺族年金を受け取ることができます。ただし、老齢基礎年金の受給額は減ってしまうことになります。

免除・猶予・未納による年金への影響の違い

	老齢基礎年金の受給資格期間への算入	老齢基礎年金の年金額への反映	障害基礎年金、遺族基礎年金の受給資格期間への算入※1
納付	○	○	○
免除	○	○※2	○
猶予	○	×	○
未納	×	×	×

出所：日本年金機構

※1　障害基礎年金と遺族基礎年金を受け取るためには一定の受給要件がある
※2　免除を受けた割合によって、支給される年金額が変わる

また、**これらの申請を行わず、保険料が未納となっている場合は、未納期間分が受給資格期間としてカウントされず、老齢基礎年金の年金額も減額されてしまいます。**また、障害年金や遺族年金が受けられない場合があります。

自分がどの区分にいるのか、そして過去の年金の状況についても把握しておきましょう。

Q.010

年金保険料の支払い状況ってどうやって調べるの？

Keyword
・ねんきん定期便
・受給資格期間

A ねんきん定期便などで確認できます

将来受け取る年金の見込み額や、保険料の支払い記録などについて確認したい場合には、まず「**ねんきん定期便**」で調べてみましょう。

ねんきん定期便とは、公的年金の加入者に送られてくる書類のことで、毎年の誕生月付近に届きます。届いていない場合は、氏名や住所変更の手続きがされていなかったり、[※1]**年金事務所**でのミスがあったりすることが考えられるため、最寄りの年金事務所[※1]で確認してみましょう。

▼受給資格期間が「120月」未満だと年金がもらえない

ねんきん定期便は基本的にはがきで届きますが、50歳未満と50歳以上では内容が異なり、[※2]59歳に届くねんきん定期便は封書になっているので気をつけましょう。

ねんきん定期便でまず確認したいのは、裏面の右上にある「受給資格期間」。これが「120月」未満だと受給資格を満たしていないことになります。また、**国民年金の老齢基礎年金が満額の約78万円になっていない（50歳以上）、または60歳の支払い期間を考慮しても78万円にならなそう（50歳未満）であれば、免除・猶予・未納期間がある可能性が高い**です。

※1　年金事務所とは、日本年金機構の対応窓口のこと。
※2　35歳、45歳にも封書でねんきん定期便が届く。

50歳以上の人に届くねんきん定期便の例

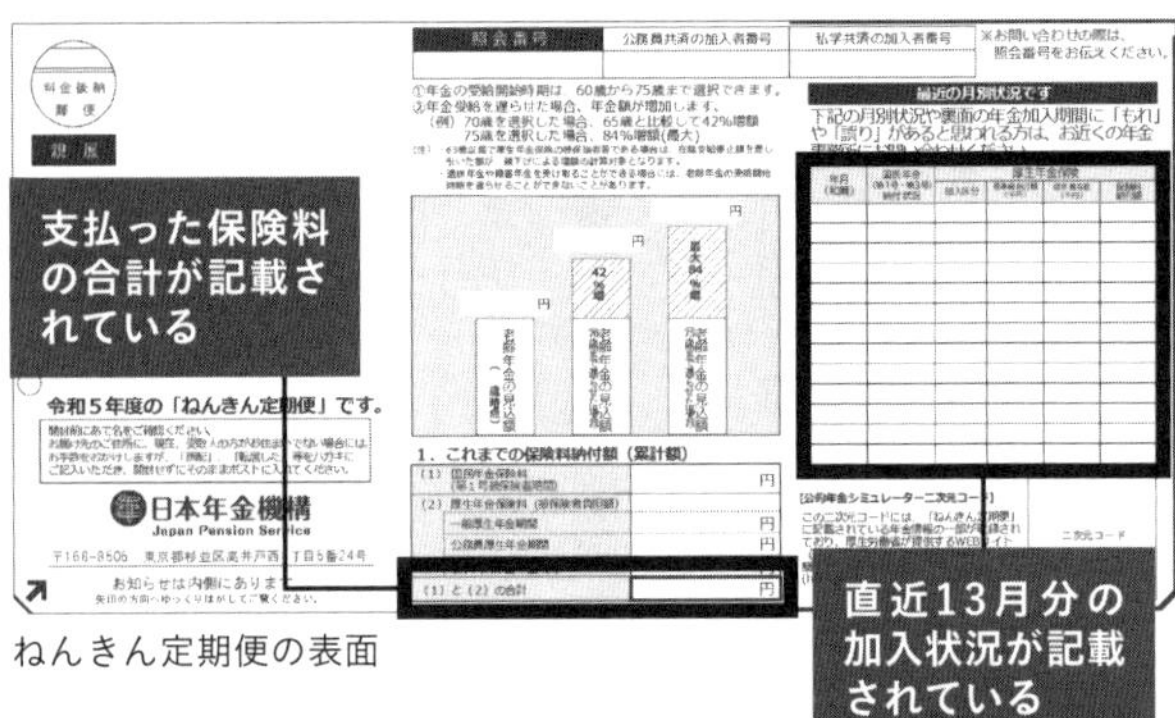

ねんきん定期便の表面

ねんきん定期便の裏面

出所：日本年金機構

Q.011

ねんきん定期便のほかに年金状況を確認する方法はあるの？

Keyword
・年金

A ねんきんネットや年金事務所で確認できます

毎年誕生月付近に届くねんきん定期便では、好きなときに確認できなかったり、書類をなくしてしまったりする場合もあるでしょう。そのときは、「**ねんきんネット**」や「**年金事務所**」で確認することができます。

ねんきんネットは、日本年金機構が運営するサイトのこと。インターネットで自身の年金の状況や情報を閲覧（えつらん）できます。パソコンやスマートフォンから気軽に確認できて便利です。また、電子版のねんきん定期便も提供されています。ねんきんネットのサービスを利用するためには、登録手続きが必要です。マイナンバーカードを持っている人は、「※マイナポータル」から利用できます。

▼誰かに相談したいなら年金事務所へ

年金事務所は、国民年金と厚生年金を運営する日本年金機構の対応窓口であり、全国各地に設けられています。電話での相談や確認も受け付けているため、気軽に問い合わせてみるとよいでしょう。

なお、年金の相談に関しては、日本年金機構の委託により全国社会保険労務士会連合会が運営し、全国80カ所にある「街角の年金相談センター」でも無料でサービスを提供しています。

※マイナポータルとは、行政手続きやお知らせの確認ができるインターネットサイト・アプリのことです。

Q.012

未納期間があった場合、年金を満額もらうのを諦めるしかない？

Keyword
・国民年金
・任意加入

A 年金に任意加入すれば満額もらえる可能性があります

国民年金保険料の納付済期間が40年に満たない場合、老齢基礎年金を満額受給することはできません。

しかし、**納付済期間が40年に満たない場合でも、加入義務のない60歳以降に国民年金に任意加入し、保険料を納めることによって、受け取れる年金を満額に近づけることが可能です。**

▼65歳未満なら任意加入が可能

国民年金の加入義務がなくなる60歳以降でも、次の条件を満たす場合には任意の加入が認められます。

❶日本国内に住所がある
❷年齢は60歳以上65歳未満
❸国民年金の繰上げ受給を利用していない
❹20歳以上60歳未満までの保険料の納付月数が480月（40年）未満
❺厚生年金などに加入していない

さらに、年金の受給資格期間を満たしていない65歳以上70歳未満の人や、外国に居住する日本人で20歳以上65歳未満の人も、任意加入が認められています。

Q.013

65歳になる前に定年退職したら、何の年金に加入するの？

Keyword
・厚生年金、国民年金

A 新たな勤務先や働き方によって加入する年金が変わります

定年退職となる年齢は、会社の規定によって異なります。65歳になる前に定年退職をした場合は、どの年金に加入すればよいのでしょうか。

それは、**新たな勤め先が厚生年金保険の適用事業者であるか否か**によって変わってきます。厚生年金保険の適用事業者の場合には、条件を満たせば引き続き厚生年金に加入します。老齢基礎年金が満額受給できない人も、60歳以降に厚生年金に加入することで未納分を穴埋めすることができます。ただし、**厚生年金の加入資格は原則として70歳まで**となります。

▼60歳以降は、国民年金の任意加入も検討する

再就職先が厚生年金保険の適用事業者ではない場合には、**国民年金への加入を検討しましょう**。45ページでも述べたように、国民年金は原則として60歳までしか加入できませんが、納付済期間が40年に見たない場合、**60歳以降に任意加入すれば受給額を満額に近づける**ことができます。

任意加入した際は、さらに年金額を上乗せできる付加年金（ふかねんきん）（66ページ参照）の利用も、合わせて検討しましょう。

Q.014

60歳前に退職したけど、年金に加入する必要はある？

Keyword
・国民年金

A 60歳になる前に退職したら、国民年金に加入します

60歳になる前に退職し、働かない、会社勤めをしないといった場合、**60歳までは国民年金に加入しなければなりません。**

また、転職する場合には、転職前に加入していた年金制度によって**企業年金を転職先の企業に持ち運べる場合もある**ため、確認しておきましょう。

Q.015

収入が激減して年金保険料を払えない場合、どうすればいいの？

Keyword
・年金事務所への相談
・免除制度、猶予制度

A 免除または猶予の制度を利用しましょう

失業などによって収入が減少したため国民年金の保険料を納めることが困難になった場合には、**免除制度の利用を検討し、年金事務所などへ相談する**とよいでしょう。免除制度は、経済的な理由で保険料の納付ができないときに、その全額もしくは一部が免除される制度です。なお、50歳未満であれば、保険料の支払いが先送りできる納付猶予の利用もできます。

Q.016

厚生年金から国民年金に切り替えるときの注意点は？

Keyword
・日本年金機構

A 本人以外に扶養している配偶者の加入手続きも必要です

退職などの理由で厚生年金から国民年金に切り替えなければならなくなった場合は、切り替えの手続きは自分で行わなければなりません。加入のために必要となる具体的な手続きについては、日本年金機構のサイトで確認しましょう。また、**扶養している60歳未満の配偶者がいる場合には、配偶者の加入手続きも必要**です。忘れずに行いましょう。

Q.017

働きながらでも年金はもらえるの？

Keyword
・厚生年金
・在職老齢年金制度

A もらえます。ただし、受給額が減る可能性があります

働きながらでも年金を受給することはできますが、「**在職老齢年金制度**」の適用を受けた場合には、年金額が少なくなるケースがあります。

在職老齢年金制度とは、60歳以上の人が働きながら同時に年金をもらえる制度のことです。ただし、70歳未満の人が会社に就職し厚生年金保険に加入した場合や、70歳以上の人が厚生年金保険の適用を受ける会社（適用

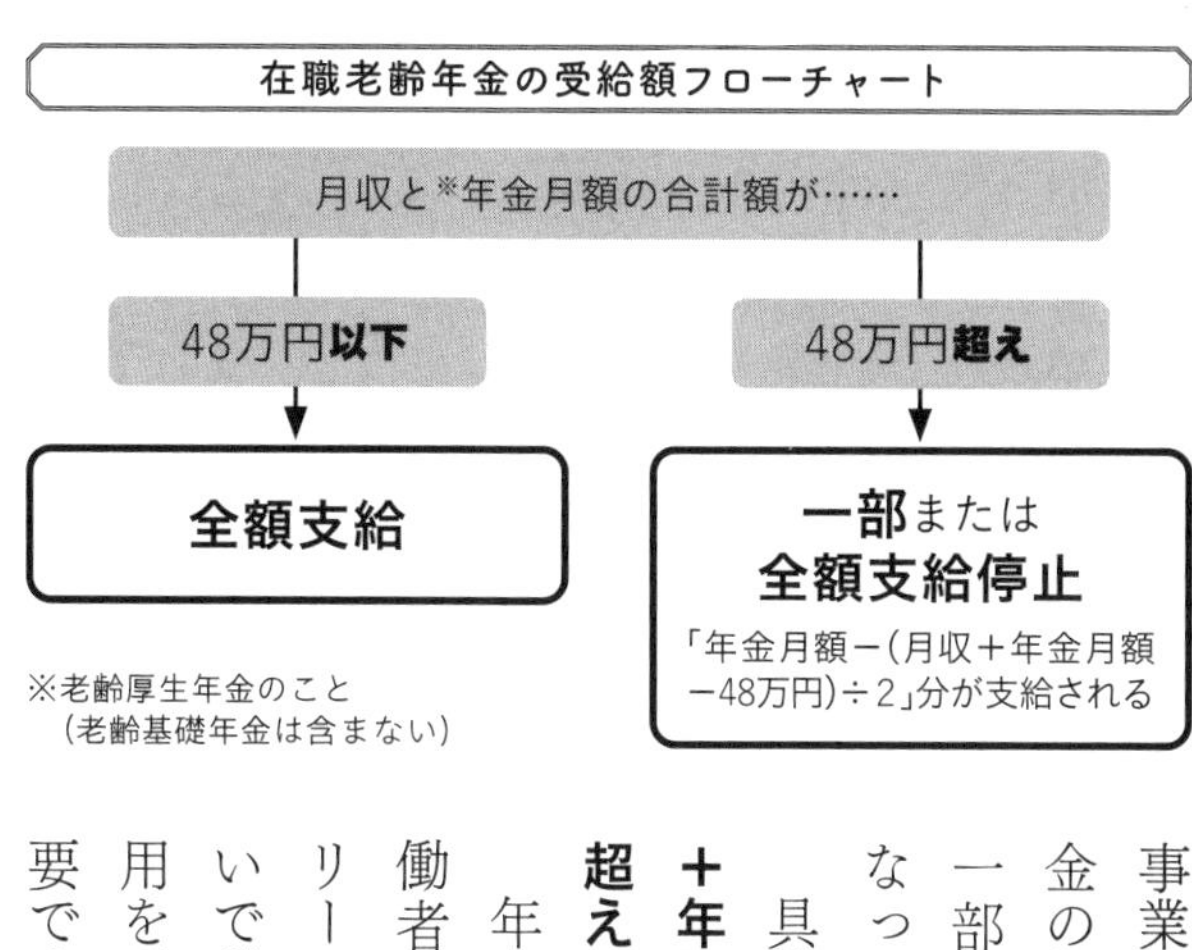

事業所）などに勤めた場合に、老齢厚生年金の額と給与や賞与の額に応じて、年金の一部または全額が支給停止するしくみとなっています。

具体的には、**老齢厚生年金の月額と月給＋年間賞与の12分の1の合計額が48万円を超えると、年金額が減る**ことになります。

年金額を減らしたくなければ、短時間労働者やパート、アルバイト、自営業、フリーランスなどとして厚生年金に加入しないで働くなどして、在職老齢年金制度の適用を受けないようにするといった工夫が必要です。

Q.018

個人事業主の場合、リタイア後は少ない年金でやりくりするしかない？

Keyword

・付加年金

A 付加年金などを利用すれば、もらえる年金を増やせます

個人事業主は会社員などと違い、厚生年金に加入できません。そのため、もらえる年金の額は少なくなりがちです。「国民年金だけでは心細い」という人は、まず「**付加年金**（ふかねんきん）」の利用を検討しましょう。

付加年金は、月400円の付加保険料を国民年金保険料に上乗せして納付することで、将来受け取れる年金額を増やせる制度です。利用できるの

付加年金の概要

概要	定額の保険料にプラスして付加保険料を納めることで、もらえる年金額を増やすことができる
保険料	月400円
プラスされる年金額（年額）	200円×付加保険料を納めた月数 （年金を２年間受け取ると元がとれる）
加入できる人	・第１号被保険者 ・任意加入被保険者 （65歳以上の人を除く） ・農業者年金に加入している人

出所：日本年金機構

は原則として20歳から60歳までの間ですが、国民年金に任意で加入している場合には65歳まで納付できます。

付加保険料は付加年金に申し込んだ月から納付が開始します。過去に遡って納付することはできませんが、納付期限を経過した場合でも、過去2年間の未納分を納めることは認められています。

なお、国民年金保険料の納付を免除・猶予されている場合や、後述の国民年金基金に加入している場合には付加年金を利用することができません。

▼付加年金と合わせて検討しましょう

ほかに年金を増やす手段としては、**❶小規模企業共済、❷国民年金基金、❸iDeCo（個人型確定拠出年金）**があります。特に小規模企業共済とiDeCoは付加年金との併用が可能です。ただし、iDeCoと併用するとiDeCoの掛金額が減ります。

❶小規模企業共済は、個人事業主が事業を廃止した場合や会社の役員が退職した場合などに備えて、事前にお金を積み立てておく共済制度です。

❷国民年金基金は、個人事業主など国民年金の第1号被保険者が国民年金とセットで加入できる公的な終身年金（保障が一生続く保険）です。

❸iDeCoは、国民年金や厚生年金のような公的年金とは異なる私的な年金制度です。自分で決めた掛金で投資信託（245ページ参照）などを運用し、原則60歳以降に給付金として受け取れます。

Q.019

ねんきん定期便で、年金に関する情報はすべてわかるもの？

Keyword
・ねんきん定期便
・年金事務所

A 本来受け取れる年金が記載されていないこともあります

ねんきん定期便（50歳以上の人）に記載されている事項は、あくまで見込み額であり、受け取れる年金すべての情報が書かれているわけではありません。例えば、**夫婦で条件を満たした場合にもらえる年金に関しては記載されていません**。なぜかというと、本人以外の情報との紐づけがされていないためです。

一例を挙げると、一定の条件を満たす年下の配偶者、あるいは子どもがいる人が65歳になり老齢厚生年金を受給する際、家族手当として「加給年金」が加算されることがあります。ただし、加給年金は本人と家族の情報が必要なため、記載されていないのです。

▼忘れている年金の有無を年金事務所に問い合わせる

ねんきん定期便に記載されていない年金を申請できなかった場合は、本来受け取れるはずの年金を受け取ることができなくなってしまいます。そうした年金の取りこぼしを防ぐために、一度、年金事務所に問い合わせてみるとよいでしょう。

なお、国民年金と厚生年金以外の年金、国民年金基金や企業年金などの私的年金に関しても、ねんきん定期便には記載されていません。

Q.020

年金収入から税金って引かれるの？

Keyword
・所得税、住民税
・社会保険料

A 所得税や住民税が引かれます

年金収入は、障害年金や遺族年金を除き※雑所得として、所得税と住民税の課税対象になります。また、税金以外にも社会保険料（健康保険料や介護保険料）がかかります。これらの金額が差し引かれたうえで口座に振り込まれるため、手取りの金額はおおむね額面の85〜90％です。

なお、**年金額が年158万円未満（65歳以上の場合）であれば、所得税**

はかかりません。それらの額を超える場合でも、配偶者などを扶養している人は、事前に控除を申請することで年金から所得税は引かれません。

▼年金から住民税が引かれるには条件がある

年金額が年18万円以上あり、課税年度の4月1日時点で65歳以上の人は、原則として住民税が天引きされます。

なお、このように年金から天引きされることを、所得税では「源泉徴収」、住民税・社会保険料では「特別徴収」といいます。

※雑所得とは、公的年金や副業などによる収入のこと。

Q.021

60歳で退職したら、すぐ年金をもらえるの？

Keyword

・繰上げ受給

A 繰上げ受給で早くもらえますが、受給額は減ります

国民年金と厚生年金は、原則として65歳から給付されますが、60歳から65歳になるまでの間に早めて受け取ることも可能です。これを年金の「**繰上げ受給**」といいます。

繰上げ受給をするためには、原則として国民年金と厚生年金、両方の手続きを同時に行う必要があります。ただし、厚生年金のうち、特別支給部分に関しては後述する減額の計算方法も少し異なります。

▼繰上げ受給のデメリットを知っておこう

繰上げ受給をすると、受け取れる年金の受給額が減ってしまいます（1カ月早めるごとに0・4％減）。また、一度繰上げ受給を選択すると、生涯、年金が減額された状態で受給し続けることになります。年金は老後の大事な収入源ですから、基本的に繰上げ受給はおすすめしません。

加えて、繰上げ受給をすると障害年金の受け取りや国民年金の任意加入などもできなくなってしまうため、老後生活を長期的なスパンで考えながら、慎重に検討する必要があります。

Q.022

定年後も働き続け、年金がなくても平気なら受給開始を延ばせる？

Keyword
・繰下げ受給

A 繰下げ受給を選択すれば、受給期間を延ばせます

73ページで紹介した繰上げ受給とは逆に、65歳で年金を受け取らず、受給開始の年を66歳以降75歳までの間に繰り下げる「**繰下げ受給**」という制度があります。**年金受給の期間を繰り下げる代わりに、繰り下げた期間に応じて増額（1カ月遅らせるごとに0・7％増）した年金を受け取ることができる制度**です。繰下げ受給をするには請求手続きを行いましょう。

したがって、「働けるうちは労働収入で生活して、働けなくなったら年金で生活する」という選択もできます。

▼繰り下げできないケースもある？

平均寿命程度まで生きれば、年金を繰下げ受給したほうが得をするといわれています。そのため、「自分は健康だし、人並みに長生きできる」という自信があるのならば、年金を繰り下げて受け取ることを検討してみてもよいかもしれません。

なお、障害年金や遺族年金を受け取る権利がある場合は、原則繰下げ受給ができないことも覚えておきたいところです。

Q.023

年金を繰下げ受給するとき、受け取る年齢は自分で決められるの？

Keyword
・年金の時効

A 75歳までの間なら自分で決められます

繰下げ受給を検討する場合、**66歳以降75歳までの間で繰り下げて年金を受け取る**ことができます。ただし、1952年4月1日以前生まれの人は、繰り下げの上限が70歳です。

なお、特別支給部分の老齢厚生年金は、繰下げ受給できません。受給開始年齢に達したら、速やかに請求しましょう。

▼年金には時効がある

繰下げ受給を検討する際に注意したいのが、**年金の時効**についてです。具体的には、年金を受給できる権利が発生してから5年が経過すると、時効によって原則年金が消滅します。

例えば、繰下げ受給をしようとして受給まで待機していた場合、実際に請求する時点で繰り下げて増額された年金を受け取るか、待機期間を遡って増額なしで一括受け取りするかを選択することが可能です。

ただし、**70歳を過ぎて（受給開始年齢の65歳より5年以上経って）から遡って受け取る場合は、5年より前の期間の年金は時効で消滅**します。

特例的に5年前時点で繰り下げたものとする制度もありますが、そもそも年金は申請をしないと受け取れません。年金受給のための手続きは、期限内に行うようにしましょう。

Q.024

年金を受け取っている間に死亡したらどうなるの？

Keyword
・受給権者死亡届

A 年金を止める手続きが必要になります

年金の受給者が亡くなったときは、年金を止める手続きが必要です。**死亡者が厚生年金受給者の場合は死亡後10日以内に、国民年金受給者の場合は14日以内に受給権者死亡届を、年金事務所または街角の年金相談センターに提出します。**届け出が遅れたことで年金を受け取った場合は、後日返還することになります。

Q.025

離婚したら年金ってどうなるの？

Keyword

・年金分割
・合意分割、3号分割

A 夫婦の間で分割されます

夫婦が離婚をすると（国民年金は氏名や住所を変更した場合）、氏名や住所の変更手続きや届け出などが必要になることがあります。詳細については居住する自治体の役所で確認できます。

また、**厚生年金については、年金を受け取る権利を夫婦で分ける「年金分割」の手続きを行うことができます。**夫婦の婚姻期間中の保険料納付額に対応する厚生年金を分割して、それぞれを自分の年金にするというしくみです。年金分割には❶**合意分割**、❷**3号分割**の2種類があります。❶は夫婦2人の合意によって、❷はサラリーマンの妻で専業主婦などの国民年金第3号被保険者、いわゆる分割してもらう側からの手続きが可能です。

▼離婚による年金分割はあまり得しない

分割の対象となるのは婚姻期間の厚生年金であり、さらに3号分割は制度が始まった2008年4月以降のもののみであるという点には注意が必要です。また、退職後の企業年金は分割されません。

離婚をしても生活は続きますから、妥協できる余地があるのなら、離婚後の年金額を確認してから冷静に判断することをおすすめします。熟年離婚を考えている人は、配偶者が亡くなった場合の遺族年金（82ページ参照）について、念のため確認しておくとよいでしょう。

Q.026

配偶者が亡くなった場合、年金はどうなるの？

Keyword
・遺族年金

A 配偶者に生計が維持されていたら遺族年金がもらえます

配偶者が亡くなったときには、「遺族年金」を受け取れる場合がありま す。遺族年金は、国民年金か厚生年金に加入していた、または受け取る資格のある人が亡くなったときに、亡くなった人によって生計を維持されていた配偶者や子どもなどの遺族が受け取れる年金です。

遺族年金には、「遺族基礎年金」と「遺族厚生年金」の2種類がありま

す。亡くなった人の年金の納付状況や遺族年金を受け取る人の年齢・優先順位などの条件に応じて、いずれかまたは両方の年金を受給することが可能です。

▼手続きをスムーズに進めるためのポイント

遺族年金の手続きや前述した受給権者死亡届の提出は期限内に行う必要があります（遺族年金は死亡後5年以内、受給権者死亡届は79ページ参照）。スムーズに手続きを終えられるよう、亡くなった人が加入していた年金の種類や年金番号などを前もって確認しておくとよいでしょう。

また、父親が亡くなった場合に、残された母親の代理として遺族年金の手続きを行うケースもあるかもしれません。その際は本人の委任状が必要となるため、忘れずに用意しましょう。

Q.027

年金だけではやりくりできない……。どうすればいいの？

A 基準より所得が低い年金受給者には〝給付金〟があります

所得が一定の基準より低い年金受給者は、「年金生活者支援給付金」を年金に上乗せして受け取ることができます。

給付額は月5140円を基準に、納付していた期間や納めることが免除されていた期間などによって変わります。老齢年金以外の障害年金・遺族年金をもらっている期間も給付金を受け取ることが可能です。

Keyword
・年金生活者支援給付金

　また、支給要件に当てはまる場合、対象者として日本年金機構からはがきタイプの請求書が送られてきます。給付金を受け取るためには、年金生活者支援給付金請求書の提出など所定の手続きを行いましょう。

　年金生活者支援給付金をもらってもやりくりできないときは、働いて収入を得る、持ち家があるならそれを活用して資金をつくることを検討してみましょう。例えば、自己所有の不動産（土地や建物など）を担保に生活資金の貸し付けを受けられる「**不動産担保型生活資金**」という制度があります。詳しくは住んでいる市区町村の社会福祉協議会で相談できます。

PART 2　まとめ

年金で損をしないための チェックポイント

☑ 過去に年金の未納時期がないかをねんきん定期便などで確認する

☑ 国民年金を満額受給できそうにない場合、満額に近づけるための方法を把握する

☑ 年金の受給額をできるだけ増やす方法を調べ、検討する

☑ 65歳になる前に退職する場合、年金をもらうまでの生活費をどうするかを考える

☑ 年金に時効があることを知っておく

☑ 繰上げ受給、繰下げ受給を検討する場合は、メリットとデメリットも考える

退職金　失業保険

PART 3

定年前に知っておくべき「退職金」と「失業保険」のもらい方

Introduction

退職金のもらい方で払う税金が変わる!?

退職金と失業保険の損得は、退職前の下調べで決まる!

◆退職金には税金がかかる

退職に際してもらえるお金には、主に「**退職金**」と「**失業保険**」の2つがあります。どちらも退職前によく確認しておかないと、知らないうちに損をしてしまうかもしれません。

退職金は、退職時に会社から支給されるお金です。一度に大金が振り込まれることも多いため、パーッと散財しようと考えている人もいるでしょう。ただし、退職金には税金がかかります。そしてこの税金は、**退職金の「もらい方」によって大きく変わる**のです。このことを知らなければ、退職金をご褒美だと勘違いして大きな買い物をし、さらに予想以上の税金がかかってしまう……ということも考えられます。

退職金で損をしないためには、まず自分の退職金がどのようなしくみ、または金額になっているのかを確認する必要があります。例えば、退職金には一括で受け取る「**一時金型**」と、分割で受け取る「**年金型**」、またはその両方を組み合わせたもらい方があります。

退職金の額は同じでも、もらい方次第で払う税金が変わることがあるのです。どのようなもらい方になるのか、もしくは選択できるかは会社の規定によりますが、あらかじめ調べたうえでもらい方を選択すべきでしょう。

◆65歳前後で金額が変わる失業保険

失業保険は、正しくは「雇用保険の失業等給付」といいますが、失業したときの生活を支えてくれる公的な保険であることから、一般的に失業保険と呼ばれるようになりました。

失業保険には、再就職するまでの生活を支え、安心して仕事を探せるよう、さまざまな種類の制度や給付金があります。どのようなときに、どのような申請をすれば損をしないのか、またお得になるのかの線引きは少し難しい点があることも事実です。

その一例として、失業保険の基本手当をもらう際、退職のタイミングや状況によって金額が大きく変わることが挙げられます。

例えば、**64歳11カ月で退職した人と、65歳になった日に退職した人**

では、もらえる給付金の額に大きな差が生まれます。このわずかなタイミング差がもらえる給付金額に大きな差を生むため、退職前に把握しておくことが重要です。

それぞれの状況にもよりますが、退職金や失業保険がもらえるのは、これまであなた自身ががんばってきた結果ともいえます。せっかくもらえるお金ですから、損をしないためのポイントを押さえておきましょう。

Q.028

退職金っていくらもらえるの？

Keyword
・退職一時金制度
・企業年金制度

A 会社の退職金制度によって金額が変わります

まず心得ておきたいのは、**退職金は会社に勤めていれば必ずもらえるものではないということ**です。会社の規定によっては、退職金がない場合や勤続年数で退職金の有無が変わるケースもあります。

東京都産業労働局は、都内の中小企業１０１２社を対象に調査した「中小企業の賃金・退職金事情」（令和４年版）を公表しています。

学歴別※モデル退職金の金額

	定年でもらえる退職金額
高校卒	994万円
高専・短大卒	983万2000円
大学卒	1091万8000円

※モデル退職金とは、学校を卒業してすぐ入社した方が普通の能力と成績で勤務した場合の退職金水準のこと

出所：東京都産業労働局「中小企業の賃金・退職金事情」（令和４年版）

このデータによると、モデル退職金の水準は高校卒が９９４万円、高専・短大卒が９８３万２０００円、大学卒が１０９１万８０００円となっています。

もちろん、会社や勤続年数によっても金額は変わるため、ひとつの目安として考えてください。

また、**退職金がある場合でも、勤務先の退職金制度によって計算方法が異なるため、制度によっても金額が変わります。**退職金制度には大きく「**退職一時金制度**」と「**企業年金制度**」の2つがあります。

まず、退職一時金制度とは、従業員が定

年などにより退職する際に一時金として退職金が支払われる制度です。積み立て方法により主に「**社内積立**」「**中小企業退職金共済制度**（**中退共**）」「**特定退職金共済制度**（**特退共**）」という3つの種類があります。

企業年金制度とは、会社、または会社と従業員が折半で積み立てを行い、年金として退職金を受け取れる制度です。主に「**確定給付企業年金**（**DB**）」「**企業型確定拠出年金**（**DC**）」という2つの種類があります。

95ページの表では各退職金制度の区分と概要をまとめました。まずは自分の退職金の有無について確認したうえで、退職金制度への理解を深めましょう。また、自分の会社の退職金制度はどのように運用されているのか、受け取り方は決まっているのか、選べるのかなどを早めに確認しておくことも大事です。

主な退職金制度とその概要

制度		概要
退職一時金制度		従業員が定年などにより退職する際に一時金として退職金が支払われる制度
	社内積立	社内で退職金を積み立てるしくみで、最も一般的な退職金制度のひとつ 【計算方法】 ・定額制 ・基本給連動型 ・別テーブル制 ・ポイント制 など
	中小企業退職金共済制度	中小企業に勤める人の退職金制度。社外の機関で積み立てるしくみ 【計算方法】 基本的に掛金月額と納付月数をベースに計算する
	特定退職金共済制度	（同上）
企業年金制度		企業年金制度とは、企業または企業と従業員が折半で積み立てを行い、年金として退職金を受け取れる制度
	確定給付企業年金（DB）	会社が責任を持って運用を行う年金制度のこと。年金以外に一時金、一時金との併用受け取りなど会社によってさまざまなケースがある
	企業型確定拠出年金（DC）	会社が掛金を出して、社員が運用を行う年金制度。定期的に残高のお知らせなどの書類が送付される。加入者専用サイトにログインして年金資金を確認することも可能

出所：監修者作成

Q.029

退職金の情報はどうやって確認するの？

Keyword
・退職金制度
・就業規則

A まずは就業規則などを確認してみましょう

退職金が出る場合、退職の1カ月ほど前に通知書類が渡されるケースが多いです。のんびりしていると、1～2週間ほどの短い期間で退職金の具体的な受け取り方などを決めなければならなくなります。

自分がどのような内容の退職金を受け取れるのかを確認できるものには、先にも触れたようにまず「就業規則」が挙げられます。退職金制度がある場合は、退職金に関する規定が設けられているのが一般的です。

また、そうした退職金規定が社内の※イントラネットで公開されており、受け取れる退職金の額をシミュレーションできる場合もあります。

そのほか、総務部や人事部などの担当部署に問い合わせる、自社の労働組合に確認するといった手段もあります。福利厚生制度についてまとめた冊子などに退職金の情報が記載されている場合もあるので、目をとおしてみるとよいでしょう。

退職金の内容について確認する場合には、一括で支給されるのか、分割なのか、あるいは一括と分割を併用しているのか、また企業年金などのかたちで会社が運用する場合には利回りがどのくらいなのか、といったところまでチェックすることが望ましいでしょう。

※イントラネットとは、会社などの組織内で構築されたネットワークのこと。

Q.030

退職金にも税金はかかるの？

Keyword
・所得税、住民税
・退職翌年の住民税

A 退職金には所得税と住民税が課されます

退職金には所得税がかかります。ただし、一括で受け取る一時金型と分割で受け取る年金型では、税金を減らせる「控除」の種類が異なるため、税額が変わることに注意しましょう。**一般的には一時金で受け取ったほうが手取りは多くなる**といわれています。

また、所得税のほかに**住民税もかかります。**通常、住民税は翌年に支払うものですが、**退職金にかかる住民税は、退職した年の1月1日に住んでいた市区町村から、ほかの所得とは別に課税**されます。

なお、これらの税金を自分で税務署に納めに行く必要はありませんが、手続きは必要です。退職直近になったら会社に「退職所得の受給に関する申告書」を提出することで、あらかじめ所得税と住民税が引かれた退職金を受け取ることができます。手続きをしていない場合は、確定申告が必要です。

ここで**注意したいのが、退職した翌年の住民税**についてです。

退職金にかかる住民税は手続きをすれば自分で払う必要はありませんが、退職した年の給与については翌年の課税になるケースがあります。具体的には、6月〜12月に退職した場合に市区町村から納付書が送られてきます。退職後、無収入になったとしても現役時代の給与にかかる住民税は、大きな額になることが考えられるため気をつけましょう。

Q.031

退職後にアルバイトをしたら税金はどうなるの？

Keyword
・所得税、住民税
・社会保険料

A 所得税や住民税が課される可能性があります

アルバイトでも一定額以上の収入がある場合には、所得税などの税金を納めることが必要となります。具体的には**年収が103万円を超える場合です**（この103万円は、基礎控除額の48万円と給与所得控除額の55万円を合計した金額）。

なお、**住民税がかかる目安は年収100万円超え**ということも覚えておきましょう。

▼社会保険料がかかることもある

また、アルバイト先によりますが、一定の条件を満たすと社会保険への加入が必要になるケースもあります。具体的には厚生年金保険料と公的医療保険の保険料（健康保険料）を払うことになります。給料の手取りは減ることになりますが、老後に受け取る厚生年金が増えるなどのメリットもありますし、家族を公的医療保険の扶養に入れることも可能になるかもしれません。

定年後に働くことで暮らしにどのようなメリットやデメリットがあるのか、あらかじめ考えておきたいところです。

Q.032

アルバイトでも確定申告は必要なの？

Keyword

・確定申告

・税金の還付

A 必要な場合とそうでない場合があります

退職した翌年以降にアルバイトを始めた場合、**アルバイト先の会社であらかじめ給与から税金を差し引き（源泉徴収）、会社が1年間の所得税の過不足を精算する手続き（年末調整）を行ってくれるのであれば確定申告は不要**です。また、年間のアルバイト収入が103万円を超えていない場合にも、所得税がかからないため確定申告の必要はありません。

ただし、**勤務先で年末調整が行われておらず、アルバイト収入が１０３万円を超えている場合には、確定申告が必要**です（年末調整が行われる前にアルバイトを辞めた場合にも確定申告が必要となります）。

さらに、定年退職した年にアルバイトを始め、退職前の会社とアルバイト先の会社の2カ所で源泉徴収が行われている場合には、所得税を多く払いすぎている可能性があります。この場合、確定申告を行うことで税金の還付（かんぷ）を受けられます。

なお、アルバイト収入のほかに年金収入がある場合、それらの収入の合計額によっては確定申告が必要になることもあります。

加えて、病院などで治療を受けたために一定金額以上の医療費がかかったような場合には、確定申告を行うことにより医療費控除を受けて税金が還付されます。払いすぎた税金を返してもらうには確定申告が必要ですが、義務ではありません。

Q.033

定年前に転職すると、退職金はもらえないの？

Keyword
・就業規則
・企業年金

A 退職金は会社の規定にしたがって支払われます

定年前に転職した場合でも、就業規則の退職金規定などに定められているかたちで退職金は支払われます（3年未満など勤続年数が短期の場合には、退職金が支払われない可能性があります）。

その際、退職金が企業年金として支払われる場合には、辞める会社に置いておくことができる場合もありますし、積み立ててきた年金資産を転職先の会社に持ち運べる場合もあります。持ち運ぶ場合には、申請期限があるので注意が必要です。

▼懲戒解雇などの場合には退職金が支払われないことがある

なお、**一定の理由がある場合に、会社が退職金を減額したり、不支給としたりする**ことは認められています。実際、懲戒解雇の場合に退職金を不支給とする旨の規定を就業規則で設けている企業は少なくありません。

ただし、**退職金には賃金の後払い的な意味合いや、従業員の功労に報いようとする功労報償的な性質**もあります。そのため、裁判の判例などによれば、退職金の減額や不支給が認められるのは、労働者のそれまでの功績を失わせるほどの重大な背信行為がある場合などに限られると考えられています。

Q.034

定年前にグループ会社へ転籍した場合、退職金はどうなるの？

Keyword
・転籍
・退職扱い

A 異動時に退職金が支給される可能性があります

親会社や複数の子会社があるグループ会社に勤務している場合、グループ内の別会社に転籍することもあるでしょう。その場合、**もともと勤務していた会社は退職扱いとなり、退職金が支給される可能性があります。**ただし、事前に会社から通知されるはずなので、内容を確認してどのように退職金を受け取るのがよいのかをじっくり検討することが大切です。

Q.035

退職金でまとまったお金が入ってきた場合、まずするべきことは何？

Keyword
・資産の棚卸し
・老後の資金

A 退職金や年金などを含めた資産の棚卸しをしましょう

一般的な退職金の額は数百～数千万円という大きなものになります。いざ手に入ると、ついつい気分が大きくなってしまい、「今まで働いてきたご褒美だ、好きなことにパーッと使おう」などと深い考えもなく散財してしまうおそれがあります。

しかし、**退職金は好きなように使える余裕資金ではなく、老後に安定し**

た生活を送るための貴重な資金であることを十分に意識しておきましょう。

まずは、老後に受け取る年金やこれまで蓄えてきた預貯金、運用してきた株式などの投資商品をチェックして、どれだけのお金を確保できるのかを計算しましょう。老後の生活を送るのに十分な額なのかをしっかりと確認することが大切です。

▼「退職金特別プラン」などの金融商品には要注意!

そうした資産の棚卸しを行った結果、老後の生活を送るうえで十分な資産があるのなら、リスクのある資産運用をあえて行う必要はありません。とりわけ用心しなければならないのは、銀行などの金融機関が退職金の使い道として種々の投資をすすめる、いわゆる「退職金特別プラン」です。

退職金が銀行の口座に振り込まれると、「商品の中身についてご説明したいので、一度、ぜひ店舗にいらしてください」などと営業電話がかかってくるケースが往々にしてあります。

しかし、投資に関する知識が不十分なままで対応すると、言葉巧みにいいくるめられて適切ではないリスクの高い金融商品を買わされてしまい、大きな損失を被って後悔することになりかねません。

退職金特別プランに限らず、投資を考える場合は、自分自身で可能な限り勉強をしたり、専門家に相談したりするなどして、十分な準備を行いましょう。決して丸腰では臨まないことが不可欠です。

Q.036

そもそも年金がもらえる年齢まで働く必要ってあるの？

Keyword
・60代の就業率

A 60代以降も労働収入を得ると、老後の安定につながります

「これまでがんばってきた分、早めにリタイアしたいな」と考える人もいるかもしれませんが、特別な理由がない限りは定年前の退職は避けたほうがよいでしょう。年金がもらえるのは基本的に65歳からのため、例えば**会社員が60歳で退職すると、年金が支給されるまでの5年間は無収入となり、生活に困る可能性が高い**からです。

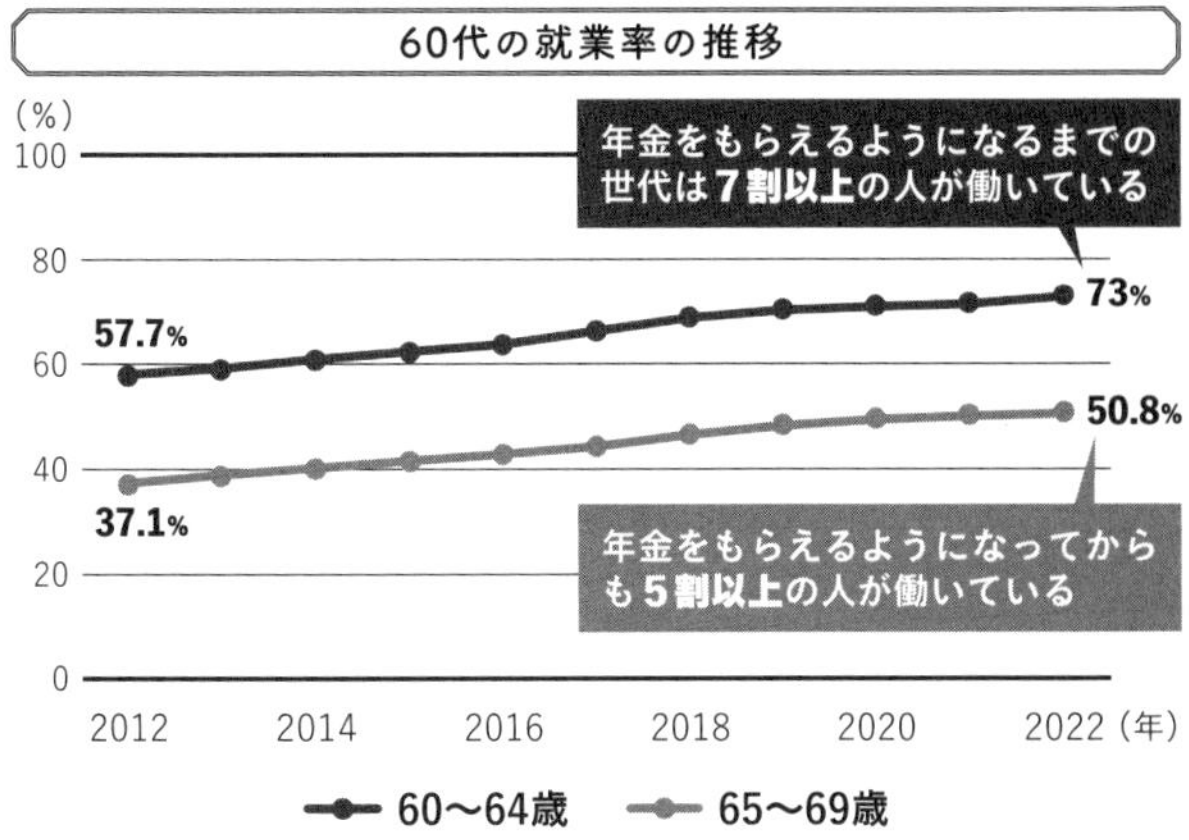

出所：総務省統計局「労働力調査」（2022年）

総務省統計局の「労働力調査」（2022年）によると、2022年の就業率は60〜64歳が73％、65〜69歳が50・8％となっており、60代の就業率は過半数を占めていることがわかります。

73ページで紹介した年金の繰上げ受給といった選択もありますが、生涯、年金額が減ったままの受給となるため、おすすめしません。60代以降も無理せず働いて収入を得ることが、老後の安定した生活へとつながります。

Q.037

退職してから再就職するまでの生活費はどうすればいい？

Keyword
・失業保険

A 失業保険を申請しましょう

退職して再就職先が決まっていないときは、一定の条件を満たすと「**失業保険**」をもらうことができます。正式には雇用保険の失業等給付の求職者給付の基本手当といわれる制度です。

失業したり雇用の継続が困難となった場合などに、その生活と雇用の安定を図り、再就職を促すために必要な給付が行われ、**定年退職でももらえ**

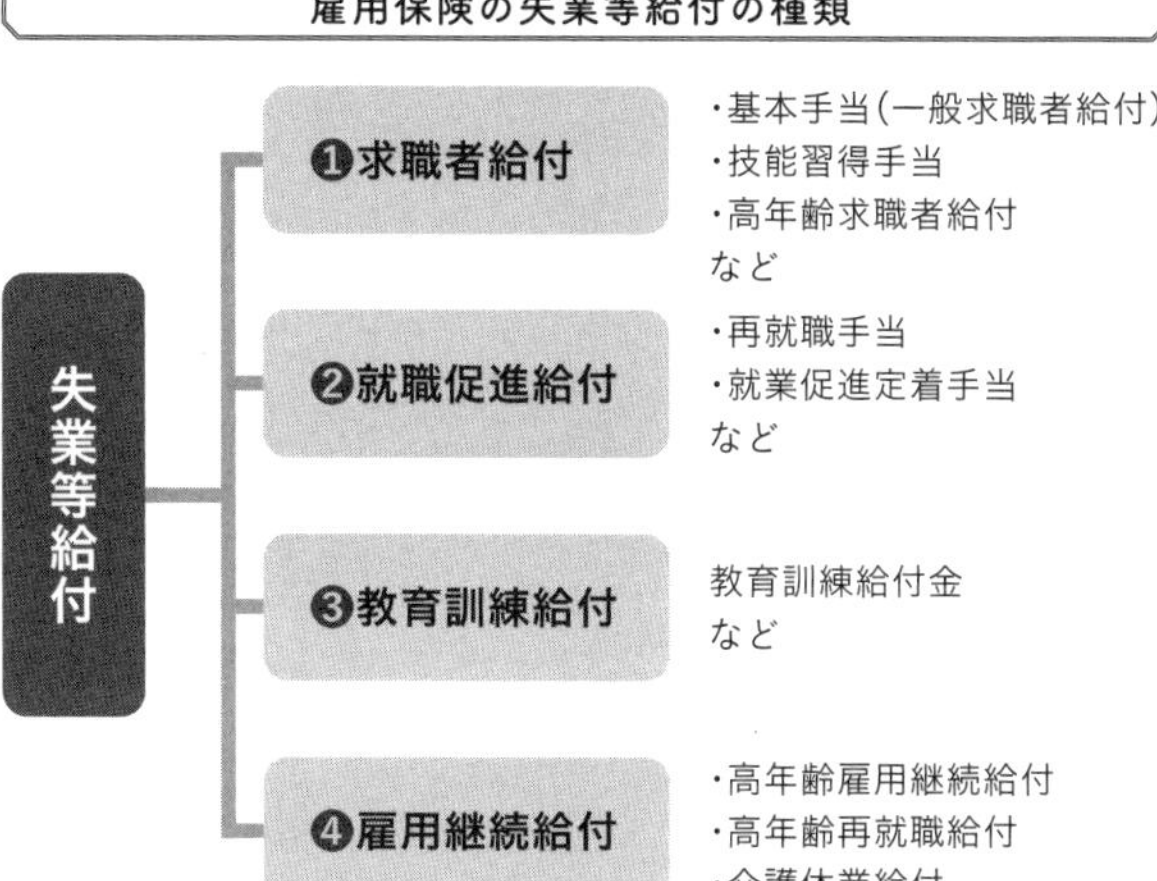

ます（123ページ参照）。

雇用保険に入っているかについては、給与からの雇用保険料の天引きの有無を確認するか、ハローワークに出向いて確認しましょう。

また、雇用保険の失業等給付は大別すると次の4種類に分けられます。**失業保険の基本手当は❶求職者給付**に該当します。それ以外に、**❷就職促進給付**、**❸教育訓練給付**、**❹雇用継続給付**があります。

Q.038

失業保険をもらうにはどうすればいいの？

Keyword
・失業手当の対象者
・自分で手続き

A 「いつでも働ける状態」であることが求められます

失業保険の基本手当は、自分で手続きを行う必要があります。ただし、失業すれば必ずもらえるわけではありません。「働こうと思えばいつでも働ける」ことが前提条件となります。

具体的には、「就職したいという積極的な意思といつでも就職できる能力（健康状態・家庭環境など）があり、積極的に求職活動を行っているに

失業手当の対象となる人

- 働く意思があり、就職活動を行っている
- 心身ともに健康である
- 家庭など働ける環境が整っている
- 65歳未満である
- 退職日以前の２年間に12カ月以上の被保険者期間がある

——など

もかかわらず、就職できない状態」であることが求められます。

そのため、再就職の意思がない、あるいは、意思があってもしばらく休もうと考えている人、けがや病気によってすぐには働くことのできない人などは対象外となります。

また、65歳以降の人は手当の種類が異なります（124ページ参照）。

さらに、**原則として退職日以前の2年間に12カ月以上の被保険者期間があることも必要**です。ただし、会社都合により退職を余儀なくされた場合は、被保険者期間が6カ月以上あれば受給資格を得ることができます。

Q.039

失業保険の基本手当はどれくらいもらえるの？

Keyword
・基本手当
・前職給与の５～８割

A 前職の給与の5～8割程度がもらえます

114ページで解説した**失業保険の支給要件を満たしている場合、基本手当は前職の給与の約5～8割程度を受け取れます。**具体的には、勤続年数や給与額によって異なるため計算してみましょう。

❶ 賃金日額を計算する

賃金日額は「離職前6カ月間の給与の合計額÷180日」で求めます。

通勤手当などの手当は含めますが、賞与（ボーナス）は含めません。

この賃金日額には上限と下限があり、上限を上回っている場合は上限額、下限額を下回っている場合は下限額を賃金日額とします（図1）。

❷ 基本手当日額を計算する

基本手当日額は「①賃金日額×給付率」で求めます。給付率は①で求めた賃金日額によって異なります（図2）。なお、基本手当日額にも上限と下限があるため確認しましょう（図3）。

❸ 総支給額を計算する

総支給額は「②基本手当日額×給付日数」で求めます。給付日数は、雇用保険の被保険者だった期間（勤続年数）や退職理由によって異なります（図4）。

図1：賃金日額の上限と下限

退職した年齢	上限額※	下限額※
45〜59歳	1万6980円	2746円
60〜64歳	1万6210円	

※賃金日額の上限と下限は、「毎月勤労統計」の平均定期給与額の増減により毎年８月１日に見直しが行われて変更される可能性がある。上記データは2023年８月１日の改定額

出所：厚生労働省（2023年８月１日改定額）

図２：基本手当日額の給付率

退職した年齢	賃金日額（w円）	給付率
45〜59歳	2746円以上 5110円未満	80％
	5110円以上 １万2580円以下	80〜50％※1
	１万2580円超 １万6980円以下	50％
60〜64歳	2746円以上 5110円未満	80％
	5110円以上 １万1300円以下	80〜45％※2
	１万1300円超 １万6210円以下	45％

※１　y（基本手当日額）の計算方法は次のとおり。
　　　$y = 0.8w - 0.3\{(w - 5110) / 7470\}w$

※２　y（基本手当日額）の計算方法は次のとおり。
　　　$y = 0.8w - 0.35\{(w - 5110) / 6190\}w$、$y = 0.05w + 4520$のいずれか低いほうの額

出所：厚生労働省（2023年８月１日改定額）

図３：基本手当日額の上限と下限

退職した年齢	上限額※	下限額※
45〜59歳	8490円	2196円
60〜64歳	7294円	

※賃金日額の上限と下限と同様に、毎年８月１日に見直しが行われて変更される可能性がある。上記データは2023年８月１日の改定額

出所：厚生労働省（2023年８月１日改定額）

図4：給付日数

▶定年、契約期間満了や自己都合で退職した場合

退職した年齢	雇用保険の被保険者だった期間		
	10年未満	10年以上20年未満	20年以上
65歳未満	90日	120日	150日

出所：ハローワーク

▶倒産、解雇などで退職した場合

退職した年齢	雇用保険の被保険者だった期間				
	1年未満	1年以上5年未満	5年以上10年未満	10年以上20年未満	20年以上
45歳以上60歳未満	90日	180日	240日	270日	330日
65歳未満	90日	150日	180日	210日	240日

出所：ハローワーク

退職理由によって給付日数が変わるんだ

Q.040

会社都合で退職した場合、失業保険は多くもらえるの？

Keyword
・退職理由
・最大330日分

A 会社都合で退職した場合、失業保険を多く受け取れます

会社を辞める理由は、定年や契約期間の満了を含む自己都合退職と、会社の倒産、解雇などでやむを得ず退職した場合の大きく2つに分かれます。119ページに掲載している表のとおり、**退職理由が自己都合の場合、給付日数は最大150日ですが、倒産、解雇などの場合は最大330日です。**よって、会社都合のほうがより多くの失業保険を受け取れます。

Q.041

失業保険の基本手当に税金や社会保険料はかかるの？

Keyword
・非課税所得

A 税金はかかりません

失業保険の基本手当は最低限の生活を保障することを目的としているため、非課税所得とされています。つまり、**失業等給付に対しては税金がかかりません。**

一方、**公的医療保険（健康保険）や公的介護保険は加入義務があるため、基本的に保険料の支払い義務が生じます。**ただし、公的医療・介護の保険料は収入に応じて決まるしくみで、失業保険の基本手当はその収入には含まれませんので、原則高額にはならないでしょう。また、経済的に支払いが難しいときは保険料を軽減できるケースもあります。

国民年金についても、60歳までは加入義務があるため、保険料を支払う必要があります。保険料は収入にかかわらず一律と決まっています。支払いが厳しいときは免除や猶予（49ページ参照）を受けられるケースもありますが、老後に受け取る年金額が減ってしまうので避けたいところです。

いずれにしても、これら保険料の支払いに不明なことがあれば、市区町村役場の各担当窓口で相談することをおすすめします。

Q.042

定年退職でも失業保険はもらえるの？

Keyword
・働く意欲
・65歳の前後

A もらえます

「定年はリタイアであり、失業ではないから失業保険の対象ではない」と思っている人もいるかもしれませんが、定年退職後も働く意欲があり、一定の条件を満たす場合は、失業保険の基本手当を受給できます。

ただし、**退職日が65歳になる前か以降かにより、手当の種類、すなわち給付額が変わります。**退職日を自ら設定できる場合は、検討しましょう。

Q.043

退職日が65歳になる前か以降かで、失業保険の何が変わるの？

Keyword
・基本手当
・高年齢求職者給付

A 65歳になる前に退職すると給付金が高くなります

113ページで示したように、雇用保険の求職者給付には複数の区分があります。

これまで主に解説してきたのは、「基本手当」についてです。

基本手当は64歳11カ月までに退職した場合に受け取ることができ、65歳以降に退職をすると、基本手当ではなく「**高年齢求職者給付**」の受け取りに変わります。

ここで注意したいのが、基本手当と高年齢求職者給付の給付額は、基本手当のほうが高いということです。

具体的には、**64歳11カ月までに退職すると、再就職するまで最長240日分の基本手当を受け取れますが、65歳以降に退職した場合は、一時金として、基本手当の30日もしくは50日分の高年齢求職者給付しか受け取れません。**

ただし、法律上は誕生日の前日に年齢が上がるというルールのため、**65歳の誕生日の前々日までに退職する**ことが求められます。退職時期は業務の引き継ぎなども考慮する必要がありますから、会社との話し合いを重ねたうえで損をしない退職日を設定しましょう。

Q.044

再就職や継続雇用で収入が大幅に減った……。どうすればいい？

Keyword
・高年齢再就職給付
・高年齢雇用継続給付

A 高年齢再就職給付か高年齢雇用継続給付を受けられます

再就職や継続雇用に伴い、収入が大幅に減ってしまった場合は給付金を受け取ることが可能です。

具体的には、60歳以降の給与が60歳時点の75％未満に低下した場合に支給される給付金で、失業保険の基本手当を受給していたか否かによって**「高年齢再就職給付」**または**「高年齢雇用継続給付」**のいずれかを受け取ることができます。どちらも113ページで示した、雇用保険の失業等給付の❹雇用継続給付に該当するものです。

▼給付金の受給条件とは？

失業保険の基本手当を受給して再就職をした人は「高年齢再就職給付」を申請できます。受給条件は、❶60歳以上65歳未満の被保険者であること、❷雇用されていた期間が5年以上あること、❸再就職の前日時点で失業保険の基本手当の支給日数が100日以上残っていること、❹1年を超える雇用が見込まれること、❺再就職手当（128ページ参照）を受け取っていないことです。

一方、**失業保険の基本手当をもらわずに働き続けた人は「高年齢雇用継続給付」を申請**できます。受給条件は、❶60歳以上65歳未満の被保険者であること、❷雇用されていた期間が5年以上あることです。

Q.045

給付日数より早く再就職した場合、残りの失業保険はもらえない？

Keyword
・再就職手当

A 基本手当の代わりに再就職手当がもらえます

失業保険の基本手当には給付日数があり、この期間より早く再就職が決まれば残りの基本手当は受け取れなくなりますが、代わりに「**再就職手当**」を受給できます。113ページで示した、雇用保険の失業等給付の❷就職促進給付からの給付です。基本手当を受給していた人が一定の条件を満たすと、**基本手当の6〜7割程度**がもらえます。

Q.046

再就職先の給与が前職より低い……。どうすればいい？

Keyword
・就業促進定着手当

A 雇用保険の就業促進定着手当がもらえるかもしれません

再就職先の給与が前職より低い場合、**「就業促進定着手当」**をもらえるかもしれません。113ページで示した、雇用保険の失業等給付の❷就職促進給付に含まれる手当です。再就職手当を受給して再就職先に6カ月以上勤務し、前職より給与が下がった場合にもらえます。**失業保険の基本手当の支給残日数の40%を上限に、低下した賃金の6カ月分がもらえます。**

Q.047

定年後はしばらく休んでから働きたいけど、失業保険はもらえないの？

Keyword
・受給期間の延長

A 失業保険の受給期間を延長すれば受け取れます

失業保険の基本手当を受け取るには、115ページで解説したとおり、「離職の日以前2年間に、雇用保険の被保険者期間が12カ月以上あること」「再就職する意思や能力があること」などの要件を満たす必要があります。また、受給できる期間は、原則退職日の翌日から1年以内です。

そのため、例えば「定年までがんばったし、老後はゆっくりしたいな」

と考えている人には支給されません。ただし、**時間をおいて再び就職しようと考えている場合は、受給期間の延長を申請することで、失業保険を受け取ることができます。**

延長できる期間は、退職日の翌日の30日後から最長4年間です。

なお、申請手続きは退職日の翌日から2カ月以内に行う必要があるため注意しましょう。

▼受給期間の延長は、給付日数が増えるわけではない

この制度は、「受給期間の延長」＝「給付日数の増加」ではない点に気をつけましょう。

受給期間の延長はあくまでも、失業保険の受給期間を後ろ倒しにする制度です。「定年後はしばらく休養してから働きたい」といった理由により、失業後すぐには働かない選択をする場合は、忘れずに申請しましょう。

Q.048

失業保険の基本手当と年金を同時に受け取れるもの？

Keyword
・同時受給できない

A 基本的には受け取れません

65歳になるまでは失業保険の基本手当と年金を同時に受給することはできないため、どちらを受け取るのか選択する必要があります。

ただし、同時ではありませんが、失業保険の基本手当と年金の両方を受け取る方法はあるため、133ページで確認しましょう。

Q.049

失業保険の基本手当と年金の両方を受け取る方法はあるの？

Keyword
・65歳前に退職
・最大150日分

A　65歳前に退職、65歳以降に失業保険を受け取る方法です

失業保険の基本手当と年金を同時に受け取ることはできませんが、両方を受け取る方法はあります。65歳になる前に会社を退職して、65歳前に特別支給の老齢厚生年金をもらい、65歳以降に失業保険の基本手当をもらう方法です。**ただし、男性は1961年4月1日以前、女性は1966年4月1日以前生まれの人に限定されています。**

65歳前後の退職によって失業保険の給付日数が大幅に増減することは125ページで解説しました。そのため、**64歳11カ月で会社を定年退職して特別支給の老齢厚生年金をもらい、失業保険を申請すれば、65歳から年金と失業保険の基本手当最長150日分を受け取ることができる**ため、お得になるのです。

▼64歳11カ月で退職することに2つの注意点

会社の規定（就業規則）によっては、定年退職年齢より前の退職は自己都合となり、退職金を減額される可能性があります。

また、64歳11カ月で退職しても、失業保険には原則2カ月の給付制限があるため、実際に基本手当を受け取れるのは65歳になってからです。

会社の規定を確認したうえで、退職金が減額されないか、失業保険の基本手当を受け取れるまでの生活費がまかなえそうかを検討しましょう。

Q.050

失業保険をもらいながら無料で学べる制度があるって聞いたけど？

Keyword
・公共職業訓練

A 再就職に役立つスキルを無料で学べ、手当も支給されます

再就職に役立つスキルや知識を無料で学べる「**公共職業訓練**」という制度があります。国や各都道府県が実施する公的な制度で、テキストなどは実費としてかかりますが、受講手当や通所手当などの支給があります。例えば、2年間の訓練が必要と判断されて受講した場合、失業保険の基本手当は訓練終了日まで引き続き受け取ることが可能です。

これは113ページで示した雇用保険の❶求職者給付の「技能習得手当」に該当し、制度利用の相談や申し込みはハローワークで行います。

▼職業訓練の受講には審査がある

対象者や受給条件はいくつかありますが、それらすべてを満たしても、**審査に落ちれば制度を利用して職業訓練を受講できない場合があります。**

この制度は年齢による区分がないため、年齢の低い人が優先されることもあり、定年前後の人は不利になるケースもあるようです。

また、申し込み⬇審査⬇説明会⬇受講というステップがあるため、受講までに数カ月かかることもあります。

こうした懸念点を理解したうえで公共就業訓練の利用を検討しましょう。

Q.051

退職前に資格を取りたい！講座の受講料を支援してもらえるもの？

Keyword
・教育訓練給付制度

A 教育訓練給付制度を利用すれば支援を受けられます

会社に在職中でも、スキルアップを支援してくれる「**教育訓練給付制度**」があります。これは113ページで示した雇用保険の❸教育訓練給付の「教育訓練給付金」に該当し、厚生労働省が指定した講座や養成課程を受講すると、受講費用の一部がハローワークから支給される制度です。

給付金の対象となる資格や講座の種類は、「○○士」とつく士業(しぎょう)や事務

教育訓練の種類における給付率と主な対象講座

教育訓練の種類	給付率	対象講座の例
専門実践教育訓練	受講費用の**50%**※（上限年40万円）	介護福祉士、看護師・准看護師、美容師、社会福祉士、歯科衛生士、保育士、調理師、製菓衛生師、精神保健福祉士、はり師、キャリアコンサルタント など
特定一般教育訓練	受講費用の**40%**※（上限年20万円）	介護支援専門員実務研修、介護職員初任者研修、特定行為研修、大型自動車第一種・第二種免許 など
一般教育訓練	受講費用の**20%**※（上限年10万円）	輸送・機械運転関係（大型自動車、建設機械運転など）、介護福祉士実務者養成研修、介護職員初任者研修、税理士、社会保険労務士、行政書士、司法書士、Webクリエイター、CAD利用技術者試験、TOEIC、簿記検定、宅地建物取引士 など

※給付金は受講料4000円超が対象　　出所：厚生労働省

関係、輸送・運転関連など多岐にわたり、その数はおよそ1万5000講座あり、教育訓練給付制度の検索システムで検索可能です。

こうした資格や講座はレベルごとに3つに分けられており、この区分ごとに給付率が異なります。受給の申請手続きはハローワークで行いましょう。

Q.052

アルバイトでもスキルアップのためのお金がもらえるの？

A もらえます

教育訓練給付を受けるための条件は、給付金の種類によりますが、はじめて利用する場合には「雇用保険の被保険者であった期間が通算1年以上」から申請できます。**雇用保険に加入していれば、会社員やパート、アルバイトといった働き方にかかわらずに給付金がもらえます。**

Keyword
・教育訓練給付制度

PART 3　まとめ

退職金と失業保険をもらうときのチェックポイント

- ☑ 退職金の有無はもちろん、会社の退職金制度について下調べをする
- ☑ 退職金はもらい方によって税額が変わる
- ☑ 定年退職後、一定の条件を満たすと失業保険を受給することができる
- ☑ 再就職で収入が減ると、給付金がもらえるケースがある
- ☑ 失業保険と年金を両方受け取れる方法がある
- ☑ 在職中でも、スキルアップを支援してくれる制度がある

公的医療保険　公的介護保険　相続・贈与

PART 4

知らないと損する！「老後の支出」を抑える基本ワザ

Introduction

老後にかかるお金は生活費だけではない！

安定した老後生活は「特別費」をいかに抑えられるかがカギ

◆生活費以外にかかる特別費に目を向けよう

2019年6月に金融庁の金融審議会「市場ワーキング・グループ」がまとめた報告書「高齢社会における資産形成・管理」が公表され、「老後2000万円」問題が大きく報道されました。以来、老後に関するお金の問題を意識し始めた人も多いはずです。しかし、老後に必要な資金を考えるうえで見落としがちなのが、「**特別費**」でしょう。

特別費とは、生活費以外にかかる費用のことです。例えば、住宅ローンなど住居にかかわるものや大型家電の買い替え、子どもや孫へのお祝いや援助、車の買い替えや趣味、旅行などにかかる費用があります。

さらに、**医療費や介護費なども特別費の一部**です。

◆医療・介護費は夫婦で1000万円以上に!?

厚生労働省の「生涯医療費の推計」（2020年度）によると、**生涯にかかる医療費はおよそ2700万円で、そのうち41％（1107万円程度）が65歳未満に、残りの59％（1593万円程度）は65歳以降にかかる**といわれています。実際の自己負担は公的医療保険（健康保険）によって1〜3割に抑えられますが、医療費は収入の減る定年後の家計を圧迫する大きな要素なのです。

これに加えて、介護費もかかります。

生命保険文化センターの「生命保険に関する全国実態調査」（2021年度）によると、**毎月の介護費の平均は8・3万円で、介護に要する平均期間は5年1カ月**です。加えて、住宅のリフォームや介護福祉用具などの購入費として**一時的にかかる介護費の平均は74万円**といわれています。毎月の介護費の平均と平均期間、一時的にかかる費用から計算すると、**老後に必要な介護費はおよそ580万円**です。

単純に介護費と65歳以降にかかる医療費の合計は1人あたり2200万円ほど、自己負担分でおよそ740〜1060万円になり、夫婦だと倍額となります。特別費のうち、**医療・介護費だけでも夫婦で1000万円以上ものお金がかかる可能性がある**のです。

実際に負担する医療費や介護費は、公的医療保険（健康保険）や公

的介護保険によって保障されている部分が大きく、前述した金額が必ずしもかかるわけではありません。

しかし、公的な保険や制度を利用するためには、手続きが必要な場合もあるため、どんなときに保険を利用できるかを把握し、負担を抑えられるかどうかが安定した老後生活のカギともいえます。

PART4では、公的医療保険や公的介護保険、そのほか老後にかかる費用について解説していきます。

Q.053

やっぱり今入っている生命保険を見直すべき？

Keyword
・保険の見直し

A 50代で見直しをしていなければ、一度見直しましょう

50代で生命保険の見直しをしていなければ、一度は見直したほうがよいでしょう。ただし、見直した結果、「新しい保険に入りたい」という場合は慎重に。一般的に、50代以降に加入した場合の保険料は高くなってしまうため、十分に考慮する必要があります。**基本的に50代での保険の見直しは「不要なものを減らす」**ことを前提として考えましょう。

Q.054

そもそもどうやって生命保険を見直せばいいの？

Keyword
・保険の見直し
・死亡保険、がん保険

A 「定年後の収入で保険料を払えるか？」を軸に考えます

生命保険の見直しのポイントは、「定年後の収入でも、無理なく保険料を払えるかどうか」「本当に必要であるか」ということです。特に定年前の人は、**収入が大幅に減った状態で保険料を払う余裕があるかどうかを、一度自分でシミュレーションしてみましょう。**

定年後の収入で無理なく保険料を払える人でも、**10年以上前に加入した**

医療やがん保険、高額な死亡保険、10年更新型で複数の特約がついている保険は見直したほうがよいです。

▼死亡保障やがん保障は見直しを

例えば、**すでに子どもが自立している場合は、大きな死亡保障は不要と考えましょう。**ただし、扶養期間が長く年金額が少ない配偶者がいる場合は、遺族年金の見込み額を試算して、その額に不安があれば死亡保障を調整して残してもよいかもしれません。

また、がん保障の見直しも行いましょう。特に、一昔前のがん保障は、入院や手術に重きを置いたものが多いです。現在は医療の発展もあり、通院で治療を行うケースも増えてきているため、通院治療では保険の適用条件にならないこともあります。そうなれば元も子もありません。もし30～40代で加入していたら、見直したほうがよい可能性が高いといえます。

Q.055

生命保険を解約したら、これまでに払った保険料がムダにならない？

Keyword

- 解約返戻金
- お宝保険

A 解約するとムダになる保険もあります

生命保険を解約すると、**解約返戻金**を受け取れる場合があります。

解約返戻金とは、生命保険を途中で解約したときに払い戻されるお金です。解約返戻金を受け取れるのは、いわゆる「**貯蓄型保険**」といわれる保障を得ながら貯蓄できるタイプの保険になります。

解約返戻金は解約するタイミングによっては払い込んだ保険料を下回る

こともあるので要注意。その場合、生命保険を解約せずに保険料の支払いのみをストップして保障を残せる場合もありますが、保障額が契約当初より少なくなってしまうのがデメリットです。

なお、解約返戻金のない生命保険を「**掛け捨て型保険**」と呼びます。文字通り払った保険料はムダになってしまいますが、割安な保険料で加入できるため、まさかの大きなリスクに備えるための安心料のようなもの。ある程度の資産が手元にあれば不要と考えてよいでしょう。

▼お宝保険は残しておこう

また、**1980年代後半～1990年代にかけて加入した生命保険は、いわゆる「お宝保険」と呼ばれるものが多く、解約すると損をする可能性が高い**です。

お宝保険の特徴は、❶貯蓄型保険であること、❷予定利率がかなり高い

生命保険の種類

生命保険

病気やけがなどのリスクへの保障をする保険の総称で、保障内容によって主に4種類ある

死亡保険
被保険者が亡くなった際にその家族の生活を保障する保険

医療保険
病気やけがによる医療費を補ってくれる保険

介護保険
介護が必要になった場合や老後の生活を保障する保険

生存保険
将来の資産形成に活用する保険。死亡保障がついていることもある

ことの2つが挙げられます。

現在の生命保険の利率はほぼゼロに近いですが、お宝保険には3%～6%超のものも存在しました。**利率の高い貯蓄型保険は、加入しているだけでも運用額がかなり貯まっている可能性が高い**です。

何でも解約してしまうのではなく、古い生命保険こそ必ず内容を確認しましょう。

Q.056

今さらだけど……公的医療保険ってどんなしくみだっけ？

Keyword
・医療費の自己負担
・国民皆保険制度

A 医療費の負担を減らしてくれる国の制度です

日本には、**医療機関で保険証を出して受診すると、「いつでも、誰でも、どの医療機関でも」必要な医療サービスを利用することができる公的医療保険制度（健康保険）**があります。医療費の自己負担が1～3割になるのは公的医療保険があるからです。

例えば、定期的に通院していたり、継続して服用している薬があったりする場合は、その度に公的医療保険を利用していることとなります。私たちが健康で、安定した生活ができている理由のひとつとして、公的医療保険から支給される給付制度が挙げられるでしょう。

▼公的医療保険の種類と対象者

公的医療保険は国民皆保険制度であり、国民全員が区分によって何らかの保険に加入しています。

会社員や公務員（その扶養家族を含む）が職場で加入する**協会けんぽ**や**健康保険組合**、**共済組合**、75歳以上の人が加入する**後期高齢者医療制度**、それ以外のすべての人（農家や個人事業主など）が加入する**国民健康保険**に大別できます。

種類によって保障内容が異なる点もあるため、自分が加入している公的医療保険はどれかを知っておきましょう。

年代・職域などによる公的医療保険の区分

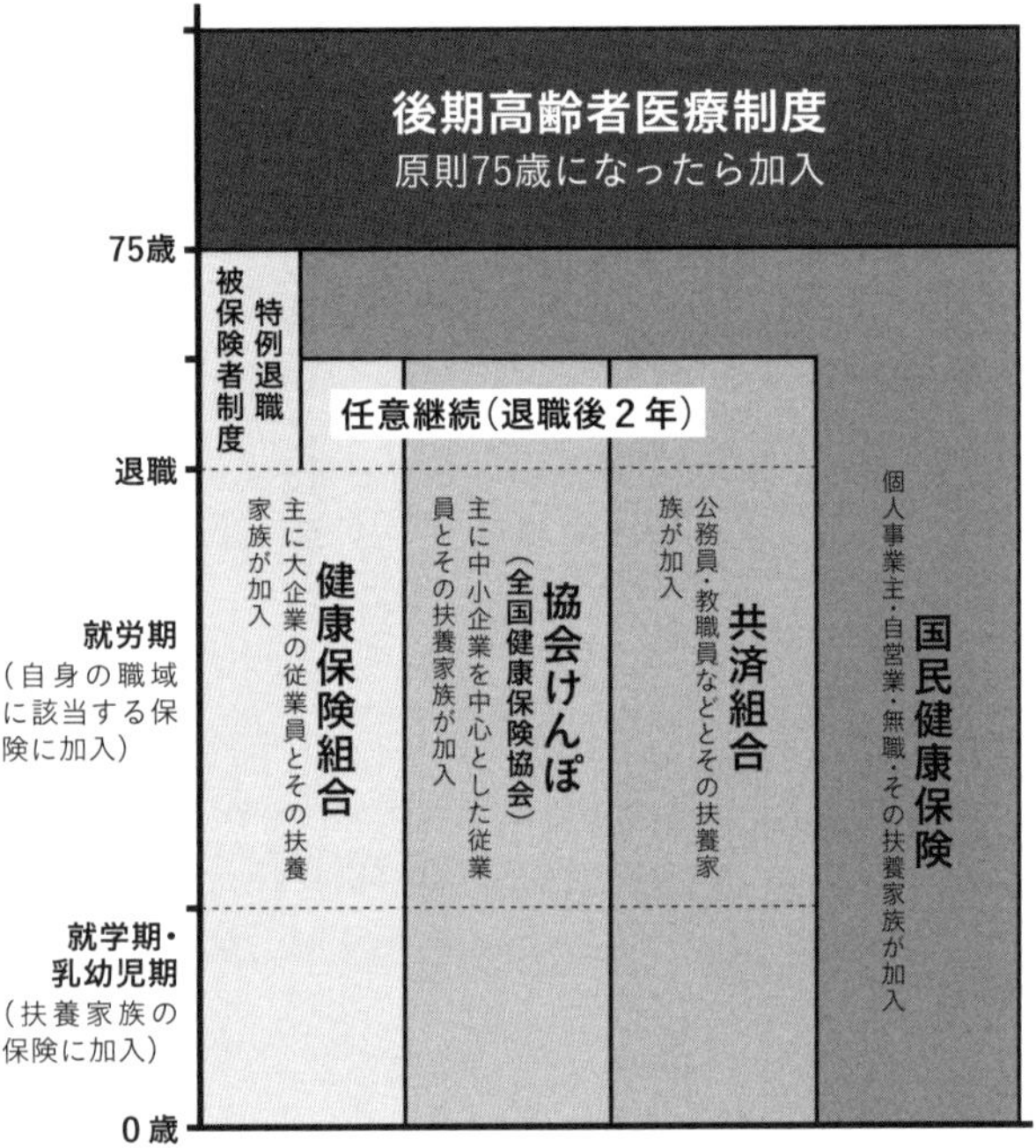

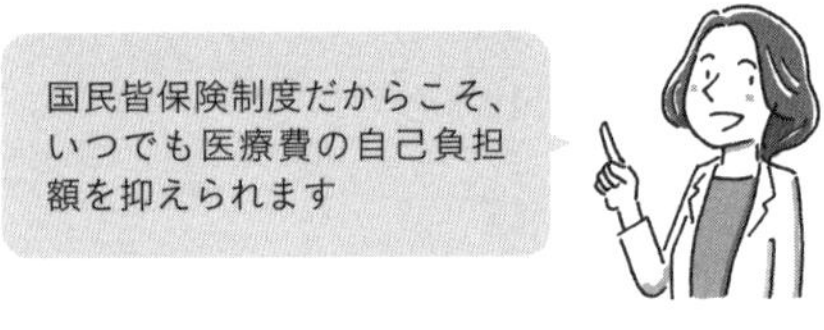

年代	区分
75歳以上	**後期高齢者医療制度**（原則75歳になったら加入）
退職〜75歳	特例退職被保険者制度／任意継続（退職後２年）／国民健康保険
就労期（自身の職域に該当する保険に加入）	**健康保険組合**（主に大企業の従業員とその扶養家族が加入）／**協会けんぽ**（全国健康保険協会）（主に中小企業を中心とした従業員とその扶養家族が加入）／**共済組合**（公務員・教職員などとその扶養家族が加入）／**国民健康保険**（個人事業主・自営業・無職・その扶養家族が加入）
就学期・乳幼児期（扶養家族の保険に加入）	同上
0歳	

国民皆保険制度だからこそ、いつでも医療費の自己負担額を抑えられます

Q.057

パートやアルバイトでも公的医療保険料を払わないといけないの？

Keyword
・短時間労働者
・国民皆保険制度

A はい。ただし、収入や勤務先によって保険料は異なります

公的医療保険は国民皆保険制度です。したがって、パートやアルバイトといった**勤務形態にかかわらず、すべての人が基本的には何らかの公的医療保険に加入し、保険料を払う必要があります。**

家族が会社員などで扶養に入っていれば、保険料を払わなくてもよいですが、収入や勤務先の条件によっては公的医療保険に加入しなければならないケースもあるため気をつけましょう。

▼短時間労働者が保険加入する条件

パートやアルバイトなどの短時間労働者は、次のいずれかの条件に当てはまる場合に、公的医療保険・厚生年金保険への加入義務が発生します。

❶正社員の4分の3以上の勤務時間と労働日数がある

❷次の条件をすべて満たすこと

1. 労働時間が週20時間以上
2. ※1給与が月8・8万円以上（年収にして約106万円）
3. 2カ月以上の雇用が見込まれる
4. 勤務先の従業員数が※2101人以上、もしくは100人以下の会社で雇用者と従業員の間により社会保険加入が合意されている場合
5. 学生ではない（夜間や定時制などは加入対象となるケースもある）

ただし、これらは一時的に当てはまるといった場合では条件を満たしているとはいいません。例えば、繁忙期などによって、一時的に1週間の労働時間が20時間を超えた、1カ月の給与が8・8万円を超えたといった場合などは該当しません。

公的医療保険への加入については、勤務している会社へ確認するか、日本年金機構の「短時間労働者に対する健康保険・厚生年金保険の適用の拡大」(https://www.nenkin.go.jp/service/kounen/tekiyo/jigyosho/tanjikan.html) で条件を確認してみましょう。

※1　賞与や割増賃金、通勤手当などの手当は、給与から除外できる。
※2　2024年10月からは51人以上へ変更となる。

Q.058

定年退職後も公的医療保険に加入しないといけないの？

Keyword
・健康保険任意継続制度
・特例退職被保険者制度

A はい。3つのなかから選んで公的医療保険に加入します

公的医療保険は国民皆保険制度のため、年齢や国籍を問わず、日本に住んでいるすべての人が加入する必要があります。定年退職後に加入する公的医療保険は働き方や収入などにより、**❶健康保険任意継続制度、❷国民健康保険、❸家族の公的医療保険**（**扶養に入る**）の主に3つの選択肢があります。なお、75歳になると全員が後期高齢者医療制度に移行します。

▼退職後に加入する公的医療保険の選択肢

❶健康保険任意継続制度

会社員だった場合、**退職時に手続きを行うことによって、退職後2年間は会社の公的医療保険に加入できます。** 扶養に入っていた家族も引き続き加入でき、在職時とほぼ同じ内容の給付や保健事業サービスを受けられます。健康診断費用の一部負担や会員制スポーツ施設の優待などを利用していた場合にも、引き続きの利用が可能です。

保険料は会社との折半から全額負担へ変更となりますが、扶養家族の保険料はかかりません。加入する公的医療保険によって保険料の計算方法や手続きは異なります。加えて、**資格喪失日（退職日）から20日以内に手続きを行わなければならない点や、保険料の滞納が1日でもあれば資格を失う点には注意しましょう。** 加入後2年が経過したら、国民健康保険などへ加入する必要があります。なお、一部の公的医療保険には「**特例退職被保険者制度**」といわれ、74歳まで加入できる継続制度もあります。

❷国民健康保険

住んでいる自治体の国民健康保険担当窓口で手続きをして加入します。保険料は、前年度の所得をもとに算出するため、**退職する年の給与が高い場合は翌年の保険料が高くなる可能性があります。**もし任意継続健康保険を選択できるようであれば、保険料を計算して安く抑えられるほうを選択するとよいでしょう。なお、国民健康保険には扶養という概念がないため、世帯人数が増えると保険料は高くなります。

❸家族の公的医療保険（扶養に入る）

保険料が一切かかりません。ただし、年収などの制限があるため、配偶者や子どもの加入している公的医療保険の扶養に入れる条件を確認しておきましょう。

Q.059

健康保険任意継続制度と国民健康保険への加入だと、どちらがお得？

Keyword
・保険料の上限額

A　任意継続のほうがお得な場合が多いです

退職する年に高収入であった場合、一般的には任意継続のほうがお得なケースが多いです。退職後は会社と折半していた保険料を全額自己負担するので、在職時の保険料の2倍程度が目安です。ただし、保険料には上限があり、また協会けんぽでは居住地と退職した会社の都道府県が異なる場合は2倍にならないケースもあります。例えば、東京都で継続すると保険料の上限は40歳以上で月3万円（2023年度）です。

国民健康保険料も自治体によって異なります。例えば、東京都新宿区に住んでいる人の場合、退職した年の収入が月50万円だとすると、翌年の保険料は月4万3497円（40歳以上、2023年度）となるため、任意継続のほうがお得になります。なお、これらの保険料には介護保険料が含まれていますが、65歳になると健康保険料とは別に介護保険料を居住地の自治体に支払うことになります（179ページ参照）。

▼必ず退職前に検討しましょう

家族の扶養に入る以外の選択をする場合は、必ず退職前に任意継続と国民健康保険のどちらの保険料が安いのかを調べておきましょう。

特に任意継続を選択する場合の手続きは、資格喪失日（退職日）から20日以内という期限があるため、必ず退職前に検討しておきましょう。

Q.060

医療費が膨らんで家計を圧迫している場合、どうすればいいの？

Keyword
・高額療養費制度
・医療費控除

A 高額療養費制度や医療費控除を利用しましょう

生涯にかかる医療費は2700万円で、そのうち約6割は65歳以降にかかっています（143ページ参照）。公的医療保険のおかげで実際はその1～3割の自己負担で済みますが、想定外に高額になることもあります。このようなときは「**高額療養費制度**」を利用しましょう。

高額療養費制度は、**病院や薬局の窓口で払う1カ月の医療費が上限額を**

超える場合に、その超えた額が高額療養費として支給される公的医療保険の制度です。上限額は年齢や所得によって変わります。

▼保険適用外の医療費がかさむ場合の保障は？

加えて、保険適用外の医療費もあります。例えば、失った歯の代わりに金属製の歯根を埋め、人工の歯を装着する「インプラント治療」は30～50万円ほどかかりますが、原則はほぼ全額が自己負担です。このようなときは、**「医療費控除」**を利用して税金還付を受けて負担を減らしましょう。

医療費控除とは、**1月1日～12月31日の1年間にかかった医療費が10万円（総所得金額等が200万円未満の人は総所得金額等の5％）を超えた場合に所得控除が受けられる税金の制度**です。こちらは保険適用・保険適用外のどちらも対象となります。ただし、控除を受けるためには医療費の明細書を作成し、確定申告を行う必要があります。

Q.061

高額療養費制度と医療費控除はどっちがお得になるの？

Keyword
・高額療養費制度
・医療費控除

A 高額療養費制度のほうがお得になる場合が多いです

高額療養費制度は、保険適用の医療費に限り、上限額を超えた分の金額がそのまま支給される制度です。

一方の医療費控除は、高額になった医療費に対してその一部を所得税の計算から差し引いて、納める税金を少なくする効果があります。また、医療費控除の対象は保険診療のほか、インプラントやレーシックの手術代など一部の保険適用外の支払いも含めることができます。しかし、あくまでも節税効果のある制度なので、所得税を多く納めていないと効果は薄いといえます。

このことから、**高額療養費制度のほうがお得になるケースが多い**です。ただし、払い戻しには受診した月から3カ月程度がかかりますから、一度は大きな金額を負担する必要があります。高額な医療費がかかりそうな場合は、限度額適用認定証（168ページ参照）の交付を受けておくなど、対策を検討しておきましょう。

ちなみに、医療費控除を利用する場合には、家族内で所得が高い人に家族の医療費をまとめることで、節税効果が高くなることも覚えておきたいポイントです。

Q.062

高額療養費制度と医療費控除は併用できないの？

Keyword
・高額療養費制度
・医療費控除

A 併用できます

高額療養費制度と医療費控除は併用できます。高額療養費制度は1カ月あたりの医療費が高額な場合に戻ってくる制度で、医療費控除は1年間の医療費が高額な場合に税制優遇が受けられる制度です。

まずは**高額療養費制度を利用して給付金をもらい、最終的な1年間の自己負担額の合計が10万円を超えた場合には医療費控除を受けましょう。**

Q.063

高額療養費制度の払い戻しを待てないときは、どうすればいいの？

Keyword
・限度額適用認定証
・マイナンバーカード

A 医療機関に限度額適用認定証を提出しましょう

手術を予定しているなど大きな医療費負担がわかっている場合、「**限度額適用認定証**」の交付を受けて医療機関に提出すると、窓口での支払いが自己負担分のみとなります。また、マイナンバーカードを健康保険証として利用できる医療機関では、マイナンバーカードを持っていれば、限度額適用認定証がなくても限度額を超える支払いが免除されます。

Q.064

公的医療保険があるから、民間の医療保険には入らなくてもいい？

Keyword
・将来への安心感
・先進医療

A 将来の不測事態に対する考え方次第です

「公的医療保険で利用できる高額療養費制度や、医療費控除による税金の還付があれば、民間の医療保険は不要である」といった考え方をする人もいるでしょう。しかし、病気やけが、事故など将来の不測の事態に対しては損得勘定だけでは判断できません。

したがって、自身の考え方次第で判断することになりますが、その基準としては、「自分が安心できるかどうか」ということになるでしょう。ここで先進医療の事例を参考に考えてみましょう。

▼先進医療は公的医療保険適用外

厚生労働省の認める**先進医療は、公的医療保険の対象外**です。

例えば、身体を切開することなくがん病巣を狙い撃ちで照射する「重粒子線治療」は、先進医療の対象となり公的医療保険の適用外となります。そのため、300万円以上の費用を自己負担しなければなりません。

先進医療を受けるには医師の認定が必要であり、治療が必要になる可能性が低い限定的な治療ですが、将来への安心料として備えておきたい人もいるでしょう。保険は将来に備えるものですから、仮にがんになった場合にどのような治療を受けたいかといった希望により、民間保険に加入するか否かを検討してみるとよいでしょう。

Q.065

老後の医療費って下がらないの？

Keyword
・70歳から２割負担
・75歳以降は１割負担

A 70歳からは2割負担、75歳からは1割負担になります

医療費負担は、6〜70歳未満の人は一律で3割負担ですが、**原則70歳からは2割、75歳以降は1割負担に下がります**。ただし、負担割合は収入や家族の扶養に入っているかといった状況によって異なります。この収入には給与などのほかに年金も含まれているため、自分がどの区分になるのかを厚生労働省のホームページなどで確認しておきましょう。

Q.066

70歳になったら特別な手続きをしなくても医療費が下がるの？

Keyword
・高齢受給者証

A 手続きは不要ですが、高齢受給者証を提示する必要があります

70歳になると加入している公的医療保険から負担率の記載された「**高齢受給者証**」が交付され、医療機関で保険証と一緒に提出すると、記載された自己負担率が適用されます。特別な手続きはありませんが、受診の際は保険証と高齢受給者証を忘れないようにしましょう。75歳になると後期高齢者医療制度に加入し、「**後期高齢者医療被保険者証**」が交付されます。

Q.067

公的医療保険で、医療給付以外に受けられるサービスはあるの？

Keyword
・健康診断の受診
・埋葬料、葬祭費

A　健康診断費用の補助や埋葬費用の支給があります

公的医療保険は医療費の自己負担が軽くなるだけではありません。健康維持、かつその健康増進活動のための保健事業を行っています。

例えば、**協会けんぽの被保険者、または任意加入者で75歳未満の人は、年に一度、少ない負担額で健康診断を受けることができます。**一般的な検査項目が受けられる一般健診は自己負担額が最高5282円、一般健診に加えて追加の項目が受けられる付加健診が最高2689円、50代以上の女性であれば乳がん検診が最高1013円で受けることができます（いずれも2023年度時点）。

▼国民健康保険では保健指導も受けられる

国民健康保険では、40〜75歳未満の加入者を対象に、特定健診・特定保健指導を実施しています。加入先から受診方法などのお知らせが届き、自己負担はありません。一般的な検査項目を経て数値に異常がある場合は、医師や看護師による生活習慣の改善アドバイスといった保健指導を受けられます。

病気になったり持病が悪化したりすれば、医療費の自己負担が増えます。そうなる前の段階で予防や早期発見のために健康診断は欠かせません。これらの制度をうまく活用して、お得に健康診断を受けましょう。

▼埋葬料（費）・葬祭費の一部が受け取れる

さらに公的医療保険に加入している人やその家族が亡くなり、葬儀や埋葬を行った場合は、給付金を受け取ることができます。

協会けんぽの場合、被保険者が亡くなったときは生計を一緒にしていた家族、いなければ埋葬を行った人に、扶養家族が亡くなったときは被保険者に、「埋葬料（費）」として5万円が支給されます。

国民健康保険の場合、「葬祭費」として多くの自治体で5万円（自治体によっては3～7万円）が支給されます。

いずれも申請をしないと給付金を受け取ることができません。亡くなった日から2年以内などの期限内に忘れずに申請をしましょう。

Q.068

けがや病気で働けず、生活費が心配なときはどうすればいいの？

Keyword
・傷病手当金

A 傷病手当金を申請しましょう

会社員などがけがや病気などにより働くことができず、勤務先から十分な給与を受けられない場合は、「**傷病手当金**」を受け取れます。連続して3日間会社を休んだうえで、4日目以降の休んだ日に対して給付金がもらえる制度です。ただし、会社員を辞めて前職の公的医療保険の任意継続被保険者となっている場合は、傷病手当金を受け取ることができません。

Q.069

高額療養費と傷病手当金は同時にもらえるの？

Keyword
・高額療養費
・傷病手当金

A もらえます

公的医療保険から支給される**高額療養費と傷病手当金は併給できます。**例えば大きなけがで入院した場合、入院費がかかり、入院が長引けば収入が途絶えることも考えられます。高額療養費は医療費の家計負担が重くならないためのもの、傷病手当金は休業した本人とその家族の生活を保障する所得補償のようなもの。目的が異なるため併給が可能なのです。

Q.070

65歳から介護保険料が上がるって本当なの？

Keyword
・公的介護保険

A 65歳になると負担額が大幅に増加するケースが多いです

40歳になると、公的介護保険料の支払いが始まります。自営業者などが加入する国民健康保険の場合は、国民健康保険料のなかに含まれる介護分として支払います。会社員などが加入する公的医療保険の場合は、64歳までの介護保険料は会社との折半で支払います。

▼65歳からは保険料を全額支払う

ただし、**65歳になると加入している公的医療保険の種別に関係なく、市区町村の決めた介護保険料を全額支払うことになります。**具体的には本人と世帯の前年度の所得に応じて、数段階に分けられています。このように保険料の計算方法が変わることで負担増となるケースが多いのです。

また、65歳以上の人は第1号被保険者となり、原則年金からの天引きになりますが、手続きに半年以上かかるため移行期間は納付書などを用いて、現金で支払いを行います。

40～64歳の人は第2号被保険者となり、保険料は公的医療保険と一括で給与から徴収されます。65歳前に退職した場合は、退職後に加入する公的医療保険の保険料とともに65歳になるまで支払うことになります。

Q.071

そもそも公的介護保険ってどんな保険なの？

Keyword
・公的介護保険
・自己負担は基本１割

A 介護が必要になったときにサービスを受けられます

公的介護保険は、介護が必要になったときに少ない自己負担で公的介護サービスが受けられる社会保険です。 40歳になると加入して保険料を納付しなければなりません。

65歳以上の第1号被保険者は、要介護・要支援状態に認定されたとき、40～64歳の第2号被保険者は、要介護・要支援状態になった原因が「特定

特定疾病の一覧

- がん末期
- 関節リウマチ
- 筋萎縮性側索硬化症
- 後縦靱帯骨化症
- 骨折を伴う骨粗しょう症
- 初老期における認知症（アルツハイマー病、脳血管性認知症など）
- 進行性核上性麻痺、大脳皮質基底核変性症、パーキンソン病（パーキンソン病関連疾患）
- 脊髄小脳変性症
- 脊柱管狭窄症
- 早老症（ウェルナー症候群など）
- 多系統萎縮症
- 糖尿病性神経障害、糖尿病性腎症、糖尿病性網膜症
- 脳血管疾患（脳出血、脳梗塞など）
- 閉塞性動脈硬化症
- 慢性閉塞性肺疾患（肺気腫、慢性気管支炎など）
- 両側の膝関節又は股関節に著しい変形を伴う変形性関節症

疾病」（上図）による場合にサービスを利用できます。

65歳以上の人、または特定疾病による要介護・要支援の認定を受けた40～64歳の人には「**介護保険被保険者証**」が交付され、サービスを受ける際に必要です。

自己負担は基本的に1割ですが、収入によっては2～3割になる場合もあります。毎年7月中旬ごろに「**介護保険負担割合証**」が交付され、記載された自己負担の割合が適用されます。

Q.072

公的介護保険でどんなサービスが受けられるの？

Keyword
・公的介護サービス

A 介護を受ける人の状態や生活環境によってさまざまです

公的介護サービスの内容は、自宅で受けられるもの、施設などを利用するもの、施設に入居している人がその施設で受けられるものというように、介護を受ける人の状態や生活環境に応じてさまざまです。

例えば、自宅で利用できる主なサービスとして訪問介護が挙げられます。※1ケアマネジャーの作成したケアプランにもとづき、決められた頻度

公的介護サービスの例

在宅サービス	・訪問介護 ・訪問入浴介護 ・訪問看護 ・通所介護（デイサービス） ・通所リハビリテーション（デイケア） ・福祉用具貸与 ・特定福祉用具購入費、住宅改修費の支給
地域密着型サービス※2	・夜間対応型訪問介護 ・認知対応型通所介護 ・小規模多機能型居宅介護
施設サービス※2	・介護老人福祉施設（特別養護老人ホーム）への入所※3 ・介護老人保健施設への入所 ・介護療養型医療施設への入所 ・介護医療院への入所

※2　要支援1・2と認定された場合、施設サービスと一部の地域密着型サービスは利用できない

※3　介護老人福祉施設（特別養護老人ホーム）への入所は、原則要介護3以上の人に限られる

出所：公益財団法人 生命保険文化センター

でホームヘルパーが自宅を訪問し、食事や入浴、排せつなどの介護、調理、洗濯、掃除などの生活援助を行ってくれます。このほか、杖や車いすなどの貸し出しもしてくれます。

※1　ケアマネジャーとは、介護を必要とする人やその家族に向けて、最適なケアプランを作成する介護の専門職のこと。ケアプランとは、介護支援の計画書のようなもので、これにもとづいて介護支援を行う。

Q.073

公的介護サービスを利用するにはどうすればいいの？

Keyword
・介護サービスの申請
・要介護、要支援

A 市区町村の窓口で要支援・要介護認定の申請をします

65歳になると「**介護保険被保険者証**」が交付されますが、公的医療保険とは異なり、保険者証を持っているだけでは公的介護サービスの利用はできません。サービスを利用する際は、次の順で手続きを進めます。

❶ 要介護（要支援）認定の申請

まずは市区町村の窓口で「要介護（要支援）認定」の申請をします。場合によっては※地域包括支援センターなどで手続きを代行していることもあります。

❷ 要介護（要支援）認定の調査、判定

1. 認定調査・主治医意見書

認定調査員が自宅などを訪問し、介護を受ける人の心身の状況について、本人や家族からの聞き取り調査などを行います。また、主治医により医学的な視点からの意見書を作成してもらいます。

2. 審査・判定

認定調査の結果と主治医の意見書をもとに、介護認定審査会にて審査が行われます。審査後は、要介護1〜5、要支援1・2のいずれかに認定、あるいは非該当の判定が行われます。

❸ 認定結果が通知される

原則、申請から30日以内に市区町村から結果が通知されます。

❹ ケアプラン（サービス計画書）の作成

要介護1～5と認定され、在宅で公的介護サービスを希望する場合は、居宅介護支援事業者と契約し、その事業者のケアマネジャーに依頼して、ケアプランを作成します。施設への入所を希望する場合は、施設の介護支援専門員がケアプランを作成します。

要支援1・2と認定された場合は、地域包括支援センターにて介護予防ケアプランを作成します。

❺ サービス利用

サービス事業者に介護保険被保険者証と介護保険負担割合証を提示して、ケアプランにもとづいたサービスを利用します。

※地域包括支援センターとは、保健師・社会福祉士・主任介護支援専門員などのチームにより、住民の健康と安定した生活のために必要な援助・支援を行う施設のこと。

Q.074

公的介護サービスの内容や利用頻度って自由に決められないの？

Keyword
・ケアプラン
・ケアマネジャー

A 本人や家族が自由に設定することはできません

公的介護サービスの内容や頻度は、介護を受ける人の要介護・支援度によって決められています。そのため、**本人や家族が自由に設定することはできません。** ただし、ケアプラン作成時にケアマネジャーに希望を伝えると、その希望を考慮した内容でケアプランを作成してくれます。どんなことを支援してほしいのかは、はっきりとケアマネジャーに伝えましょう。

Q.075

公的介護サービスの申請はいつ行えばいいの？

Keyword
・公的介護サービス
・申請期限なし

A 申請期限はなく、必要なときに申請をします

公的介護サービスを利用するための申請期限はなく、本人や家族が必要だと感じたときに申請を行います。ただし、**申請からサービス利用までには3週間〜1カ月程度の時間がかかる**ことを見積もっておきましょう。

特に、けがなどで入院して退院後の生活に不安が残るなら、まず病院の医療相談室に相談のうえ、入院中に申請しておくことをおすすめします。

Q.076

在宅介護をしていても公的介護サービスを利用できるの？

A もちろん、利用可能です

自宅で家族が介護をしていても、公的介護サービスを利用することができます。むしろ、家族だけで介護をするのは大変なことです。週に一度でもホームヘルパーの力を借りて、家族の負担を減らすことは大切です。なお、公的介護サービスを利用せずに自宅で家族の介護をしている場合、給付金を受け取れる場合もあります。

Keyword
・公的介護サービス
・ホームヘルパー

Q.077

家族の介護をしていて、給付金を受け取れるのはどんな場合？

Keyword
・要介護４～５
・家族介護慰労金

A 要介護４～５の家族の在宅介護をしている場合です

要介護４～５に認定されている家族を在宅で１年間介護すると、介護をしている家族に対して自治体から**「家族介護慰労金」**が支給されます。支給条件はほかにもあり、過去１年間に通算で90日を超える入院をしていない、住民税非課税世帯など、自治体によって異なります。支給額は年10～12万円で、支給条件を満たせば毎年受け取ることも可能です。

Q.078

家族の介護で休職し、生活が苦しい……。どうすればいいの？

Keyword
・介護休業給付
・要介護２以上

A 介護休業給付金の申請を検討しましょう

家族の介護のために介護休業を取得した場合、雇用保険の「**介護休業給付**」（113ページ参照）を受けられます。ただし、給付金を受け取るには介護する家族が「要介護2以上」など一定の条件がありますから、自分が受け取れるかどうかをまずは確認しておきましょう。

また、給付金を受け取るには、原則として介護休業開始日の2週間前まごに会社に書面などで介護休業を申請する必要があります。会社によって手続きなどのルールが異なる可能性もありますから、介護で会社を休む前にしっかりと詳細を確認しておきましょう。

どのくらい受け取れるかは、休業中に給料をもらっているかどうか、給料の金額によっても変わります。例えば、まったく給料が出ていない場合で賃金日額が1万円だとすると、1万円の67%に介護で休んだ日数を掛けて計算をします。

ただし、給料の上限や下限、支給限度日数などに違いがあるので詳細は会社に確認しましょう。会社に聞きづらいときは、ハローワークでも確認できます。

なお、**給付金の支給は介護休業終了後**になりますから、ある程度の預貯金は用意しておきたいところです。組合健保に加入している会社の場合、介護融資や介護休職見舞金など独自の取り組みをしているところもあります。この機会に勤務先の福利厚生給付の内容についてもしっかりと確認しておきましょう。

▼複数人の家族を介護する場合などは？

また、同時期に複数人の家族を介護するケースもあるでしょうが、1回の介護休業で受け取れる介護給付金の金額は変わりません。ただし、期間を変えれば別の家族分の介護給付金を申請できます。同じ対象家族であっても介護する人が変われば申請できることも覚えておきましょう。

また、家族の対象は、配偶者（事実婚含む）、両親、子ども、配偶者の両親、または、給付金受給者と同居し、かつ扶養している祖父母、兄弟姉妹、孫であることが求められます。

Q.079

介護費用がかさんで結構な金額に……。どうすればいいの？

Keyword
・高額介護サービス費

A 介護費用の払い戻しを受けられます

公的介護保険では、自己負担を抑えるための公的介護サービスを利用できますが、自己負担には上限額が設けられています。

「**高額介護サービス費**」という制度を利用すると、1カ月間に上限額を超えて介護費を払った場合、払い戻しを受けられます。この上限額は世帯での合算が可能なため、1人では上限額に達しなくても、夫婦で上限額に達

介護費負担の上限額

区分		負担の上限額（月額）
年収約1160万円以上		14万100円（世帯）
年収約770万円以上、約1160万円未満		9万3000円（世帯）
市区町村民税課税世帯、年収約770万円未満		4万4400円（世帯）
市区町村民税非課税世帯		2万4600円（世帯）
	・老齢福祉年金を受給している ・前年の所得と年金収入の合計が80万円以下	2万4600円（世帯） 1万5000円（個人）
生活保護を受給している場合など		1万5000円（世帯）

出所：厚生労働省

する場合は払い戻しを受けることが可能です。

ただし、車いすなどの福祉用具の購入費や住宅改修の費用は上限額に含まれないため注意しましょう。

さらに、「**高額医療・高額介護合算療養費制度**」では、医療や介護の自己負担額が上限を超えた場合の払い戻しがあります。高額療養費（163ページ参照）や高額介護サービス費と併用できるので覚えておきましょう。

Q.080

家族の介護のために住宅を改修した場合、給付金ってもらえるの？

Keyword
・居宅介護住宅改修費
・上限20万円

A もらえます

要介護・要支援の人が暮らしやすくなるよう自宅をリフォームした場合、「居宅介護住宅改修費」が受け取れます。

給付金の上限は20万円までのため、自己負担が1割の場合、そのうち9割（18万円まで）が支給されます。このときの上限額は、要介護・要支援度の区分にかかわらず定額です。

対象となる住宅改修は、❶手すりの取り付け、❷段差の解消、❸滑りの防止や移動を円滑にするための床・通路面の材料の変更、❹扉の取り替え、❺便器の取り替え、❻①〜⑤の住宅改修に付帯して必要な住宅改修の6つです。

また、市区町村独自の助成金などを設けている場合もあるため、介護リフォームなどを検討しているときは必ず事前に確認しておきましょう。

▼転倒事故の50％が自宅で発生

消費者庁の公表資料によると、65歳以上の高齢者が転倒した場所の約半数が自宅です。高齢になると、転倒が原因で大きなけがや病気にもつながりかねず、要介護・要支援度が上がり、介護・医療費が膨らむことも考えられます。家族が介護を必要とする場合には、補助金を利用した住宅改修をおすすめします。

Q.081

親の介護費がかさみ、生活が苦しい……。どうすればいいの？

Keyword
・生活福祉資金貸付制度

A 原則として親の介護費は、親のお金でまかないましょう

同居している親が要介護になった、または介護のために親と同居を始めたという人も多いでしょう。介護費がかかるようになり、家計が圧迫されてしまう事態にも陥りかねないため、**基本的に親の介護費は、同居・別居にかかわらず親のお金でまかなうようにしましょう。**

自分のお金から介護費を出し続け、自分の老後に備えるお金がなくなっ

てしまっては本末転倒です。ただし、例えば親の年金収入だけでは厳しい場合には、先述したような公的介護保険や給付金を利用したり、資金を借り入れたりすることもひとつの方法です。

▼公的介護保険以外にも利用できる制度がある

例えば、65歳以上の高齢者のいる世帯では「**生活福祉資金貸付制度**」を利用すると、資金を借り入れることができます。連帯保証人を立てる場合は無利子、連帯保証人を立てない場合は年1・5％での借り入れが可能です。市区町村に設置されている、社会福祉協議会が窓口となっているため、介護や入院などにより資金が必要となった場合に相談してみるとよいでしょう。

Q.082

介護はまだ必要ないけど、ひとり暮らしの親が心配……。使えるサービスはない？

Keyword
・高齢者見守り
・安否確認サービス

A 自治体が提供する見守り・安否確認サービスがあります

「介護はまだ必要ないけれど、高齢でひとり暮らしをしている親に万が一のことがあったら心配……」という人も多いでしょう。同居したり近所に住んだり、週に数回デイサービスを利用してもらうなどの選択もありますが、さまざまな事情により困難であるケースも考えられます。

何より、それらの選択によってお金がかかってしまうことも悩ましい状況です。そんなときには、自治体が提供する**「見守り・安否確認サービス」**の利用をおすすめします。

これは、ひとり暮らしをしている高齢者に対して、自治体と民間の警備・セキュリティ会社などが連携した取り組みです。例えば、高齢者宅のトイレにセンサーを取り付け、24時間ドアの開閉がない場合に見守り対象者へ電話やメールで知らせてくれるといったサービスがあります。

こうしたサービス内容は自治体や連携している民間会社、サービスの種類などによって異なります。利用料金は、住民税非課税世帯は無料、または月1000円などと設定されており、少ない負担での利用が可能です。

ただし、このサービスは自治体が独自で提供しているものであり、申請しないと受けられません。また、サービスの名称も自治体によって異なるため、該当する自治体のホームページなどで調べたり、窓口に相談したりしましょう。

Q.083

親からお金をもらったら税金がかかるの？

Keyword
・贈与税
・暦年課税

A 年110万円を超える財産をもらうと贈与税がかかります

家族に限らず、個人から財産の贈与を受けた場合は贈与税の課税対象となります。また、自分で生命保険料を負担していない人が、保険の満期や解約をして一時金を受け取った場合（保険の契約者と保険金受取人が異なる保険契約）も贈与税の課税対象です。

贈与は、1人が1月1日～12月31日の1年間に財産を取得した合計金額から110万円を差し引いた金額に対して課税されます。したがって、**年110万円までの贈与であれば非課税**となり、特別な手続きを行う必要はありません。贈与税がかかる場合、税率は贈与された金額や相手との関係性により決められています。

▼申告を忘れずに行いましょう

贈与税は、お金をもらった人が確定申告をしなければいけません。財産を取得した年の翌年2月1日～3月15日の間に、申告と納税をする必要があります。

なお、生活費や教育資金などを目的とした一定の条件を満たした贈与は、非課税となる場合があります。夫婦や親子、兄弟姉妹などの扶養関係がある場合、生活費や教育資金などに充てるためにもらったお金は贈与税の対象となりません。ただし、目的外に使った場合、例えば株の購入資金

暦年課税制度における贈与税の課税率

課税価格	特例贈与財産※1		一般贈与財産※2	
	控除額	特例税率	控除額	一般税率
200万円以下	――	10%	――	10%
200万円超～300万円以下	10万円	15%	10万円	15%
300万円超～400万円以下			25万円	20%
400万円超～600万円以下	30万円	20%	65万円	30%
600万円超～1000万円以下	90万円	30%	125万円	40%
1000万円超～1500万円以下	190万円	40%	175万円	45%
1500万円超～3000万円以下	265万円	45%	250万円	50%
3000万円超～4500万円以下	415万円	50%	400万円	55%
4500万円超	640万円	55%		

※1　特例贈与財産とは、直系尊属から18歳以上の直系卑属へ贈与する財産（直系卑属の年齢は贈与された年の１月１日時点のもの）

※2　一般贈与財産とは、「特例贈与財産」以外の贈与財産

出所：国税庁

に使うなどした場合は贈与税がかかることになります。

なお、ここで解説したのは「暦年課税」といわれる課税制度です。贈与税課税のルールはほかに「相続時精算課税」があります。子どもや孫へ合計2500万円を非課税で贈与できる制度ですが、暦年課税が使えなくなるなどのルールがあります。詳しくは、税理士などへ相談するのがよいでしょう。

Q.084

贈与されても税金がかからないのは、どんなケース？

Keyword
・一括贈与

A 贈与の目的によっては非課税になる特例があります

贈与の目的によっては、贈与税が非課税となる特例があります。

住宅取得、結婚・子育て、教育を目的とした資金の一括贈与について耳にしたことがあるかもしれません。住宅取得等資金にかかる贈与税の特例は2023年12月31日までの贈与が対象のため、一旦終了していますが、それ以外の特例は引き続き利用できますので確認しておきましょう。

▼教育資金の一括贈与制度

教育資金を目的として、親や祖父母などから30歳未満の子や孫などへ非課税で贈与できる制度です。非課税になる金額は、贈与される人（受贈者）1人あたり最大1500万円になります。相続税対策として注目されていますが、手続きや多くのルールがある点に気をつけましょう。

具体的には、金融機関で専用の口座を開設し、金融機関を通じて制度適用の申告書を税務署に提出します。払い出しをする際には、教育資金であることを証明する領収書提出などの手続きがあります。また、本制度は2026年3月31日までの特例措置です。

▼結婚・子育て資金の一括贈与制度

結婚や子育て資金を目的として、親や祖父母などから一括で贈与された

資金について非課税になる制度です。対象となるのは18歳（2022年3月31日以前は20歳）以上50歳未満の子や孫などです。非課税になる金額は贈与を受ける受贈者1人あたり最大1000万円で、このうち結婚のための費用は300万円が限度額となります。

▼国税庁のホームページで確認しよう

「かわいい子や孫のため」といって贈与を行う高齢者も少なくないですが、これらの特例にはさまざまな条件もあるため、あえて利用しないほうがよいケースもあります。また、制度の適用期限や対象外の費目もあり、使いきれず贈与税がかかる可能性もあります。特に教育資金の贈与については、良識の範囲内であれば贈与税の対象にはなりません。贈与される、または贈与することを検討している場合には、特例を利用すべきかを税理士などの専門家に相談してみてから判断しましょう。

Q.085

親の生前から相続について考えておく必要はあるの？

Keyword
・相続税
・遺言書

A 相続人が複数いる場合は話し合っておきましょう

「親の相続はそのときになってから」では遅いです。親の財産が少ない場合でも**相続人が複数いる場合は、親の意向を含めてどうするかを話し合っておくのが望ましい**でしょう。親が亡くなった際に遺言書がない場合は、相続人全員で遺産分割協議を行わなくてはならないため、事前に話し合っておけばスムーズに相続することができます。

ただし、本来であれば親のお金をどうするかについては、子どもであっても決めることは難しいもの。したがって、親に遺言書を作成しておいてもらうのがベストです。

▼相続税対策はあまり意味がない？

相続が発生すると相続税がかかります。

これに対する相続税対策として事前に贈与するといったケースもありますが、実際のところ資産が多くない場合には、手間の割に結果が伴わないこともしばしばあります。それよりも、親の財産をしっかりと把握し、万が一のときへの対策をしておくほうが重要です。

例えば、親の意思判断能力が衰えて認知症になった場合、親の口座は凍結されてしまうため、介護・医療費などに必要なお金が引き出せなくなってしまいます。そうなれば、親の法定後見人（意思判断能力が衰えた人を保護する人）になっても、財産を有効に使えない可能性も出てきます。

こうした万が一の対策として、金融機関によっては「**任意代理人**」の制度があります。本人が信頼できる人を代理人として設定しておけば、本人が認知症になったときにお金を引き出すことが可能です。

法定後見制度では、裁判所に選ばれた弁護士などの後見人が選任されることから、財産の利用が不自由になることが懸念されます。また、後見人への報酬も死ぬまでかかり続けるので避けたいところです。

防衛手段として、「※1任意後見制度」や「※2家族信託」の制度についても弁護士などの専門家に確認しておきましょう。親の資産が多い場合は、相続税対策と合わせて事前に考えておきたい点といえます。

※1　認知症や障害の場合に備えて、あらかじめ自らが選んだ人（任意後見人）に、代わりにしてもらいたいことを契約しておく制度。

※2　家族に財産の管理や処分などを任せる制度。

PART 4　まとめ

老後の支出で損をしないためのチェックポイント

☑ 老後のお金は特別費も試算に入れる

☑ 生命保険の見直しを行う

☑ 定年退職後に加入する公的医療保険について検討する

☑ パートやアルバイトでも、収入や勤務先によって公的医療保険に加入するケースがある

☑ 1カ月間に払った医療費が高額になったら、高額療養費制度で上限額を超えた分の払い戻しを受ける

☑ 1年間に払った医療費が10万円以上になったら、医療費控除で確定申告を行って税金の還付を受けられる

- ☑ 公的医療保険は医療費以外にも健康診断の自己負担を抑えたり、葬儀・埋葬に関する給付金をもらえたりするサービスがある
- ☑ けがや病気で働けなくなった場合の生活費を保障する給付金がある
- ☑ 介護保険料は65歳になると負担額が大幅に増加するケースが多い
- ☑ 介護が必要になったら、公的介護サービスを受けられる
- ☑ 家族の在宅介護をしていても公的介護サービスを利用できる
- ☑ 1カ月に払った介護費が高額になったら、高額介護サービス費で上限額を超えた分の払い戻しを受けられる
- ☑ 介護リフォームで給付金をもらえる
- ☑ 財産の贈与を受けた、もしくは相続をした場合は税金がかかることがある

節税　資産運用

PART 5

「老後に使えるお金」をコツコツ増やすお助けワザ

Introduction

先を見据えてお金の先手を打つ！

老後は予想外の支出を抑えて、使えるお金を増やそう

◆家計状況を見直して、予想外の支出をつくらない

定年後は支出を減らして、収入を増やせるかがポイントです。まずは家計状況の見直しが必要ですが、そんなときに比較対象のひとつとして総務省の「**家計調査**」が役に立ちます。

家計調査とは、一世帯あたりの生活費、またはどんなことにお金を使っているのかがわかる資料です。家計調査と自分の家計状況を比較

すれば、問題点や改善点が客観的に見つけられるようになります。

また、**家計を安定させるためには予想外の支出をつくらない**ことが重要です。今の自分の年齢から平均余命までの年数を算出し、自分の貯蓄額を年数で割れば、毎年どれくらいの貯金が使えるのか、または足りないのかがわかります。

それに加えて、34ページで解説した特別費の設定も必要です。医療費や介護費のほか、住宅ローンや家電の買い替え、ペットの飼育費用、趣味や娯楽にかかる費用も見据えておきましょう。

例えば、老後の楽しみとして年に一度は旅行へ行きたければ、旅費を特別費として想定します。**生活費以外にお金がかかりそうなこと、またはどのように暮らしていきたいのかを基盤に定年後のライフプランを立て、予想外の支出をできるだけつくらないようにしましょう。**

◆それでもお金が足りなさそうなときは？

家計状況とライフプランを見直したときに、現在の貯蓄額では足りないようであれば、まずは「**年金額**」を増やせないかを検討します。過去の未納分をあとから納めたり、付加年金を活用したりと、年金額を増やす方法はさまざまです。詳しくはPART2（43〜86ページ）を確認しましょう。

しかし、それでも足りないようであれば「**資産運用**」を行いましょう。資産運用は危険なギャンブルといったマイナスイメージを持っている人も多いと思いますが、それは誤解です。将来に備えるための**資産運用は、10年、20年と時間をかけて数%ずつ増やしていくような、リスクを抑えた投資を前提**としています。

●家計状況の見直し
●ライフプランを見直す
●年金額を増やす
●リスクを抑えた投資

そうした意味で、資産運用とは「お金を育てる」こと。もちろんときにはうまくいかないこともありますが、時間をかけて、コツコツと丁寧に取り組めば、資産を増やせる可能性が高まります。

老後は支出を抑えるだけでなく、使えるお金を増やすことも考えていきましょう。

Q.086

突然、予想外の大きな出費！退職金や貯金を使ってもいいもの？

Keyword
・キャッシュフロー計算書

A 生涯生活できる収入や資産があるかで判断を

家の修繕費、大型家電の買い替え、孫の誕生……というように、生活費以外にもまとまったお金が必要になるときが出てくるかもしれません。その際、毎月の収入からではなく、退職金や貯金を使うかは個人の家計の状況によります。例えば、現段階で生涯生活できるような収入や資産があるなら、貯金を崩しても問題はありません。

▼自分の収支でキャッシュフロー計算書をつくる

現状の貯金額でこの先の生活がまかなえるのか予測がつかない場合は、自分の「キャッシュフロー計算書」をつくってみましょう。

キャッシュフロー計算書とは会社の経営に利用される会計書類で、いつ、どれくらいのお金が入ってきて、出ていくのかをまとめたものです。まずは、自分の収支を計算して、日々の生活費を把握するところから始めましょう。

その結果、赤字が出てしまった場合、毎月貯金から補填（ほてん）して生涯暮らしていけるようであれば差し支えないでしょうし、貯金がなくとも、毎月の収入のなかで暮らしていけるようであれば問題ありません。

いちばん問題なのは普段の生活の収支がどれくらいなのか、貯金をどれだけ使ってよいのかを把握できていないケースです。

Q.087

定年で収入がダウン……。今住んでいる賃貸住宅に住み続けていいもの？

Keyword
・賃貸住宅
・更新費、火災保険料

A 老後の収支バランスで判断しましょう

老後の収入のなかでやりくりできようであれば、現在の賃貸に住み続けても問題ありません。ただし、**定年で収入が減り、生活が厳しくなったようであれば、今よりも安い家賃の物件に引っ越すことも考えましょう。**なお、毎月の家賃以外にも、更新費や火災保険料、といった費用がかかることも考えておきましょう。

Q.088

高齢の親への仕送りが厳しくなってきた……。どうすればいいの？

Keyword
・扶養控除
・特別障害者控除

A 要件を満たせば扶養控除を受けられます

年金暮らしの両親のために仕送りをしている人は、自分の税金を少なくできる可能性があります。具体的には**親を税法上の扶養に入れて「扶養控除」の適用を受ける**ことです。

それには条件があり、親の所得金額が48万円以下（親の年齢が65歳以上で、年金のみの収入が年158万円以下、ただし遺族年金は非課税のため収入に含めない）に限ります。同居していなければ適用されないと思われる人も多いかもしれませんが、別居でも控除を受けることができます。例えば、定期的に実家に通い、金銭的なサポートをしている人は該当する可能性が高いです。

さらに、親が要介護認定を受けている場合は「**（特別）障害者控除**」の適用を受けられる可能性もあります。ただし、介護保険の要介護認定を受けていても、税法上の特別障害者に該当するか否かの判断基準が異なります。認定を受けていれば控除されますが、詳しくは、親の住んでいる市区町村役所で確認しましょう。

扶養控除と特別障害者控除のいずれの場合も、控除を適用することができれば所得税と住民税の納税額を減らすことができます。

しかし、仕送りが家計を圧迫しているようであれば、仕送り額を見直したり、そもそも仕送りをやめたりするなどの選択も視野に入れましょう。

Q.089

定年後に起業する場合、退職金を開業資金に使うのは避けるべき？

Keyword
・事業計画
・退職金の使い方

A まずはしっかりと事業計画を立て検討しましょう

定年後、会社の立ち上げや、資格をとって事業を始めるために退職金を使うことを考えている人は、必ず**事業計画を立て、稼げる見込みを立てたうえで使いましょう**。

定年後に起業することと、それで稼げるかは別だということを認識し、できるだけ退職金を使わずにスモールスタートで始めることが重要です。

Q.090

「ふるさと納税」をすると節税になるの？

Keyword
・ふるさと納税
・自己負担額2000円

A 節税にはなりません

年々利用者が増えている「**ふるさと納税**」ですが、「節税になるからお得」といった思い込みによって損をしてしまう人が多いです。

ふるさと納税とは、好きな自治体に寄付した金額が、自己負担額の2000円を除いて翌年の所得税や住民税から控除される制度。例えば、1万円を寄付すると、翌年に納める税金が8000円少なくなるのです。

「ふるさと納税は税金の先払い制度」ともいえ、**「節税効果がある」というのは誤った解釈**なのです。ふるさと納税をして、もらえる返礼品は寄付した金額の最大3割相当分。1万円の寄付に対する返礼品は、だいたい3000円相当分となります。自己負担額の2000円を差し引くと1000円ほどの差であり、お得度はそれほど高いものではなく、ちょっとした節約程度です。

さらに、65歳以上で年金額が年158万円以下の人は、自己負担額のほうが多くなってしまうので要注意です。また、そもそも所得税や住民税が非課税の人は税金を納めていないため、控除される税金はありません。ただし、寄付金額によって自己負担額の2000円に変わりはありませんから、年収が高く、多くの寄付をした場合は、自己負担額と返礼品の差がついてお得になるという見方はできるでしょう。

制度を理解したうえで、年収と照らし合わせてから利用しましょう。

Q.091

銀行の定期預金があれば、老後の生活は安心？

Keyword
・金利年0.1％程度
・分散投資

A お金を銀行だけに置いておくのは危険です！

老後の収支を計算して、生涯生活できそうな貯金額があれば大きな問題にはなりませんが、インフレーション（以下、インフレ）への対策として、「**お金の置き場所**」を考えることは必要です。インフレとは、物価が上がり続け、お金の価値が下がる状態のことをいいます。

銀行の定期預金の金利は現在年0・1％程度しかありません。これは

1000円を1年間銀行に預けていても1001円にしかならないということです。物価が継続的に上昇している世の中に対して、銀行だけにお金を置いておくと、購買力（ものやサービスを買う力）は下がってしまいます。

身近な例を出すと、今夜の晩酌にとスーパーやコンビニで気軽に買える缶チューハイ。少し前までは100円程度でしたが、今では150円くらいに値上がりしています。単純に1000円で10本買えていたものが、同じ1000円であっても今は6本しか買えません。つまり、あなたが**銀行に預けているお金は実質的に目減りしている**といえるのです。

▼お金の置き場所を分散させる

では、どうすれば資金が目減りしないのでしょうか。その対策は、お金の置き場所を銀行の定期預金以外にも分散させることです。具体的には資産運用を行うことがおすすめです。

資産運用というと、「株を買ったら損をする」「ギャンブルと一緒だ」とマイナスイメージを持つ人もいるかもしれません。しかし、資産運用の正しい知識をつければ、リスクを抑えながらお金を育てていくことは可能です。**10年、20年と長期間で資産運用を続ければ、将来の老後生活を支えてくれる、強い味方になってくれる**でしょう。

より安全な資産運用を心がければ、銀行の定期預金だけよりもはるかにリスクを下げられます。特に定年前後における投資は、ハイリターンを狙う投資で、大損してしまうと取り返しのつかないことになるでしょう。リスクを抑えた投資については、232ページで解説します。

定期預金、資産運用とお金の置き場所を増やしていけば、資金が目減りするリスクを下げられます！

Q.092

そもそも資産運用ってどんなしくみなの？

Keyword
・株価
・需給のバランス

A 金融商品を利用して、資産を増やすしくみです

資産運用とは、現金を金融商品に変えて保有しておき、時間をかけて資産を増やしていくことであり、より一般的な言葉として「投資」ともいわれます。金融商品には株式や投資信託、保険などたくさんの種類があり、銀行の定期預金もそのひとつです。

定期預金は、銀行にお金を預けることで利子がつき、資産が増えていき

ます。ただし、226ページでも解説したように、現在の銀行の定期預金の金利は年0・1％程度と、資産運用としてはかなり効率が悪いのです。また、インフレ下と考えられる現状においては資産が目減りすることから、もはや「銀行に預けておけば安心」とはいえません。

▼株式で資産を増やすしくみ

ここで、株式を利用した資産運用のしくみを簡単に説明しましょう。株式でお金を増やす基本は、会社の株式を買い、買ったときよりも株式の価格（株価）が高くなったら売ることです。日常でよく聞く会社や自分が勤務する会社にも「株式会社」とついていることがありますが、それらは株式を発行している会社であることを指します。証券取引所に上場している（一般に流通している）株式なら誰でも買うことが可能です。

株価が上下する理由は基本的に「需要と供給のバランス」によるもの。

ここ最近、卵の値段が高くなっていますが、これは鳥インフルエンザの流行により、卵の供給（売っている量）が少なくなったため。しかし、卵は日々の食卓やお弁当のおかずとして欠かせないものであり、需要（買う量）は変わらず、需要と供給のバランスが崩れて価格が高騰しています。つまり、「**みんながほしいと思っているものの価格は上がる**」のです。

これを株価に置き換えてみましょう。**年々売上を伸ばし、新しい革新的な商品やサービスを打ち出している会社は、今後の売上も見込めます。そうした会社には多くの人が注目し、株式を求めることで株価が上がっていく**のです。反対に、不祥事や問題が起きたり、商品やサービスの質が落ちたりすれば、人気も落ち、やがて株価も下がっていきます。

株式で資産運用をするなら、「将来、業績が上がりそう」「人気が出そう」な会社を見極め、その会社の株式を買えば、株価が上がって資産を増やせる可能性が高くなります。

Q.093

投資で損しない方法ってあるの？

Keyword
・分散投資
・NISA、iDeCo

A 分散投資や制度利用により、リスクは抑えられます

投資をすれば必ず利益を生み出せるわけではありません。投資にはリスクがつきものですが、投資をしなければお金を育てられない、つまり増やすことはできません。そのため、できるだけ**損をしないようにリスクを抑えた「分散投資」やコストを抑えられる制度の活用が基本**です。

分散投資とは、できるだけ資産を分散させること。具体的には「**時間的**

な分散」と「**お金の置き場所の分散**」の2つのケースがあります。

▼リスクを抑える分散投資とは？

時間的な分散とは、金融商品を定期的に買い、できるだけ長く資産運用をすることです。金融商品の価格は日々上下するため、資金を分けて定期的に購入する、できるだけ長く保有することでリスクを下げられます。

お金の置き場所の分散とは、いろいろな金融商品を買うことです。ひとつの金融商品のみを買っていたら、資産はその金融商品の価格だけに依存することになります。しかし、いろいろな種類を買っていれば、金融商品Aの価格が下がったとしても、金融商品BやCが上がれば、資産の目減りを防げます。

また、「NISA」や「iDeCo」といった制度を活用すれば、さらにコスト（税金）を抑え、効率よくお金を育てられるでしょう。

Q.094

最近よく聞く、「NISA」ってどんな制度なの？

Keyword
・資産運用
・NISA

A 投資にかかる税金が非課税になる制度です

一般的に投資をして利益が出ると、その利益に対して20・315％の税金がかかりますが、「NISA」を利用すると非課税になります。

例えば投資で100万円の利益が出ると、20万3150円の税金がかかりますが、NISAを利用しているだけで非課税となるため、100万円をそのまま自分の資産にすることができます。

▼NISAを利用するには？

ＮＩＳＡは日本に住む18歳以上の人なら誰でも利用できる制度です。

そもそも投資を行うためには、金融機関などで証券口座を開設する必要があり、銀行口座のみでは投資できません。そして、ＮＩＳＡを利用するためには、「ＮＩＳＡ口座」も必要です。

銀行でも証券口座は開設できますが、近年は利便性の高さや手数料の低さなどの理由から、インターネット上の手続きで完結する「※**ネット証券**」での口座開設が一般的です。ただし、窓口で担当者とやりとりしながらの手続きはできませんので、証券口座の開設手続きの際に自分で「ＮＩＳＡ口座も開設する」と選択してＮＩＳＡ口座を開きましょう。

ＮＩＳＡ口座を開設すると必然的に2つの口座ができるわけですが、もう一方の証券口座（課税口座）で投資を行ってしまうと、非課税になりません。投資を行う（金融商品を買う）手続きをする際にも「ＮＩＳＡを利用する」という項目にチェックを入れる必要があるため、忘れずに選択しましょう。

また、ＮＩＳＡ口座をつくれるのは１人１口座。金融機関によって購入できる商品が異なるため、自分に合った金融機関を選びましょう。買える金融商品の選択肢が多いほうがよいならネット証券、給与振り込みなどに利用している銀行などがＮＩＳＡに対応しており、投資信託を買えれば十分なら、銀行でもよいでしょう。

また、ＮＩＳＡには「**成長投資枠**」と「**つみたて投資枠**」という2種類があり、それぞれに特徴があります。成長投資枠では主に株式や投資信託などが買え、つみたて投資枠では長期投資に適しているかを基準に金融庁が選定した投資信託のみが買えます。

※ネット証券とは、金融機関のひとつ。だいたいの手続きがインターネット上で完結できる。

NISAでお得になるしくみ

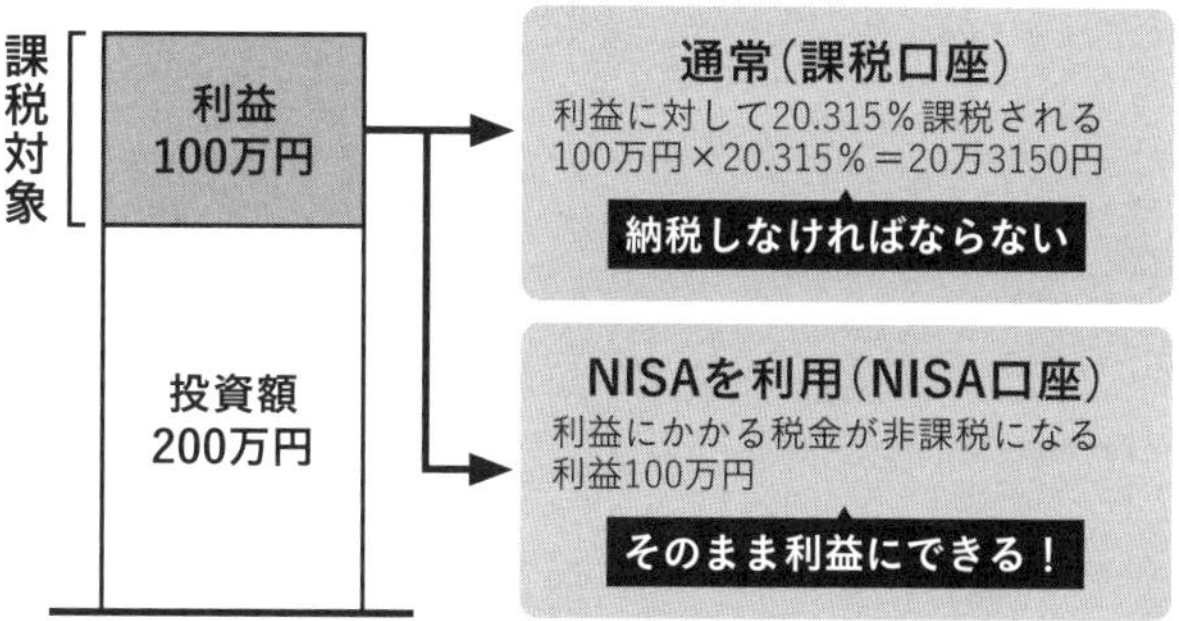

成長投資枠とつみたて投資枠の比較

	NISA	
	成長投資枠	つみたて投資枠
1年間に投資できる金額	240万円	120万円
非課税で保有できる上限額	両方の制度を合わせて1800万円まで（そのうち成長投資枠は1200万円まで）	
買える金融商品	上場株式・投資信託など	金融庁の定めた基準を満たした、長期積立・分散投資に適した投資信託

出所：金融庁

そのほかの決まりについては金融庁の「NISA特設サイト」（https://www.fsa.go.jp/policy/nisa2/）で確認できる

Q.095

最近よく聞く、「iDeCo」ってどんな制度なの？

Keyword
・資産運用
・iDeCo

A 老後の資金をつくるための私的年金制度です

毎月自分で掛金を払い、60歳以降にお金を受け取る制度を「iDeCo（イデコ）」（個人型確定拠出年金）といいます。いわば、自分で運用する〝私的年金〟として、公的年金に加えて老後にもらえるお金を増やす制度です。掛金の額は働き方などに応じて設定された年間限度額の範囲内で、最低月5000円から自分で決めることができます。

▼税制優遇の多いiDeCo

iDeCoのメリットは、3つあります。

ひとつめは**掛金が全額所得控除されること**。掛金として払った金額のすべてがその年の課税所得（税金を計算するための所得額）から差し引かれ、所得税と住民税が低くなります。

2つめは**投資益が非課税になる**こと。iDeCoは制度的には年金ですが、金融商品を利用して資産運用を行う投資です。この運用で儲けた利益には税金がかかりません。

3つめは**年金を受け取る際に税制優遇を受けられる**こと。98ページで解説した退職金と同じように、お金を受け取る際には一定の税金がかかります。しかし、iDeCoを利用してつくった資産を受け取る際には税金を少なくする控除を利用できます。

また、受け取り方は、一時金と年金、（金融機関が対応していれば）両方を組み合わせた方法から選べます。年金受け取りの場合、支給期間や年間の振り込み回数も金融機関によって異なるため、確認しておきましょう。

▼iDeCoを利用するには？

iDeCoは20歳から60歳までのほぼすべての人が加入できますが、国民年金の保険料を納めていない人など一部対象外の人もいます。また、一定の要件を満たした場合には65歳まで加入できます。

iDeCoを利用する際にも、専用口座が必要です。国民年金基金連合会の運営する「iDeCo公式サイト」（https://www.ideco-koushiki.jp/）では、iDeCo口座を開設できる金融機関が掲載されているので、検索してみるとよいでしょう。

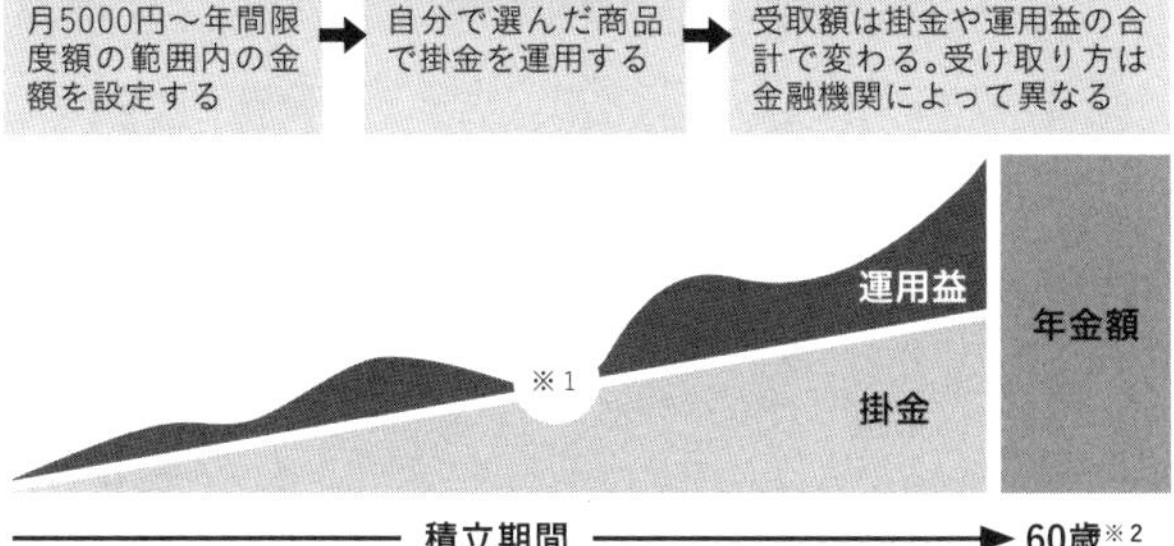

※1 運用成績によっては掛金の総額(元本)を下回ることもある
※2 一定の条件を満たせば、65歳までの積み立てが可能

出所:国民年金基金連合会「iDeCo公式サイト」

iDeCoのメリット

1.掛金が全額所得控除

掛金全額が所得控除の対象となる。例えば掛金が月1万円で、所得税と住民税がそれぞれ10%とすると、年2.4万円の税金が軽減される

2.運用益が非課税

NISAと同様、運用によって得た利益に対して税金がかからない

3.受給時に大きな税制優遇

受給時にかかる税金が優遇される。年金なら「公的年金等控除」、一時金なら「退職所得控除」が適用される

Q.096

50代から投資を始めても間に合うもの？

Keyword
・資産運用

A 大丈夫！ 間に合います

50代から投資を始めても資産形成はできます。

老後の収入は限られているため、例えば投資による配当（企業が稼いだときに株主に分配されるお金）などを月ベースで5000円でも受け取り、**年金収入以外の収入源**を持っておくと生活費の足しになるでしょう。

Q.097

退職金の多くを投資に回したほうがいいの？

Keyword
・資産運用
・退職金の使い方

A 一部を回すとよいでしょう

これまでも解説してきたように、退職金のすべてを銀行に預けていても、インフレが続いている限りは資金が目減りする一方です。かといって、全額を投資に回して失敗してしまっては、取り返しがつきません。資産状況にもよりますが、一般的には退職金は老後のための大切な資金といえます。そのため、例えば**3年分の生活費や特別費は銀行に預けて資金を**

守りつつ、残った額を投資に回して資金を増やすのがよい塩梅でしょう。

▼NISAなら途中で換金できる

例えば、資産運用をしている最中に大病を患い、手術をしなければならない場合、貯金額以上のお金が必要になることも考えられるでしょう。その際は投資に回している資金を換金すれば問題ありません。特にNISAはいつでも換金ができます。仮に、投資で損をしている場合でも、投資しているすべての金融商品を売却しなければいけない、というルールはありません。利益の出ている一部の金融商品から売却して現金化し、含み損を抱えている金融商品は売らずに投資を続けましょう。

iDeCoは、原則60歳にならないと引き出すことができません。例外もありますが極めて限定されるため、万が一のお金としては不向きといえるでしょう。

Q.098

投資をする場合、どんな金融商品を買えばいいの？

Keyword
・資産運用
・投資信託

A 初心者へのおすすめは投資信託です

金融商品と一口にいっても、株式、投資信託、ETF（イーティーエフ）、REIT（リート）、定期預金、iDeCo用の投資信託、保険商品などさまざまな種類があります。なかでも**投資において人気なものは株式と投資信託**でしょう。

そして、NISA（成長投資枠・つみたて投資枠）とiDeCoは、口座を開く金融機関によって買える金融商品が異なりますので、一緒に確認しておくとよいでしょう。

株式は上場している会社の株式（上場株式）を買うことができます。会社の業績などにより株価が左右されるため、会社の業績が上がれば大きく上昇しますし、反対に業績が下がれば大きく下がることも考えられます。

こうした値動きの大きい金融商品はリスクが大きいため、さまざまな情報を自ら集めて吟味してから購入する必要があります。また、株式を買ってからも定期的にその会社の情報をキャッチしたり、株価を確認したりすることが求められるでしょう。

▼初心者が投資するならまずは投資信託から

株式は購入後の運用もとても大事ですが、それが難しいという人や**投資の初心者には投資信託をおすすめします。**投資信託は投資のプロが運用してくれる商品で、投資をする人たちから集めたお金を投資のプロがさまざまな金融商品へ投資し、運用します。その結果、運用がうまくいけば利益として還元され、うまくいかなければ資金が減るしくみです。

投資信託の大きな特徴は、幕の内弁当のように、さまざまな金融商品や単体の金融商品でも複数の銘柄がひとつにパッケージされていること。投資信託をひとつ買うだけで、分散投資ができることがメリットです。なかでも※指数に連動した「**インデックス型**」、あるいは、国内外の株式や債券などに資産を分散しながら配分された「**バランス型**」といわれる投資信託を一本選ぶと、購入後のメンテナンスが少ないため初心者向きです。

ただし、投資信託は運用コストがかかります。特に「**信託報酬**」は保有している限りかかり続ける費用です。インデックス型は信託報酬が低い傾向にあるため、運用コストを抑えたい人に向いています。

※指数とは、物価や賃金などの時間的変動を示す数値。例えば日本株式の代表的な指数としては「日経平均株価（日経225）」や「東証株価指数（TOPIX）」などが挙げられる。

主な金融商品の種類とその特徴

	概要	利用できる制度※
株式	株式会社が出資者に対して発行する証券のこと。出資した企業が成長して株価が上がったら、株式を売却することで利益を得られる	NISA（成長投資枠）
投資信託	投資家から資金を集め、投資のプロが運用する金融商品。複数の国内外の株式や投資信託に投資を行い、運用がうまくいけばその成果として利益を得られる	NISA（成長投資枠・つみたて投資枠）
iDeCo専用投資信託	iDeCoでのみ投資できる投資信託のこと	iDeCo
ETF	証券市場に上場している（一般に流通している）投資信託のこと。株式と同様に、自分で運用を行う	NISA（成長投資枠）
REIT	不動産投資信託のこと。投資家から集めた資金を不動産に投資し、家賃収入や売却益を投資家に分配する	NISA（成長投資枠）
定期預金	あらかじめ日にちと金額を設定し、金融機関に預ける金融商品	iDeCo
保険商品	保険会社が販売している保険のこと。毎月の保険料を運用し、保険金額や解約返戻金が変動するしくみ	iDeCo

※金融機関によって制度における対象商品が異なる場合がある

Q.099

そもそも投資信託は、どうやって買えばいいの？

Keyword
・資産運用
・投資信託

A 積立預金のように、毎月の積み立てが基本です

投資信託の購入方法は、口座を開設した金融機関で毎月任意の一定金額（金融機関により最低購入金額の定めあり）を積み立てていく方法となります。例えば、積立預金だと毎月設定した日にちに一定額が預金口座に引き落とされ、積み立てられていきます。それと同様に、投資信託も毎月設定した日にちに一定額が証券口座に引き落とされ、積み立てられたお金

が運用されていきます。一度設定すれば、あとは自動的に積み立て投資を行ってくれます。また、**投資信託を購入する際は、NISA口座を指定することも忘れないようにしましょう。**

▼iDeCoでの購入方法

iDeCoの場合は、あらかじめiDeCo専用口座にログインし、購入（最低月5000円～）の初期設定を行う必要があります。購入する商品と配分を選んだら、毎月どれだけの金額を積み立てるかといった設定を行えば、そのあとは自動的に運用されます。iDeCoの掛金は、毎月26日（休日の場合は翌営業日）に指定した口座から引き落としされます。

Q.100

投資で増やした資金は、どうやって活用すべき？

Keyword
・資産運用

A 最低でも10年は資産運用をしてから活用しましょう

投資で増やしたお金は老後の生活のための資金であるため、いつかは活用するときがきます。いつまで資産運用を続けるかは難しいですが、**最低でも10年以上、できれば生涯にわたり資産運用を続けたいところです。**

厚生労働省の「簡易生命表」（2022年）によると、60歳男性の平均余命は23・59年、60歳女性は28・84年となっています。つまり、現在60歳の男性は83歳まで、女性は88歳まで生活が続くということです。**投資は運用期間が長いほど有利**です。60歳から投資を始めたとしても、20年運用を行えば、十分にお金を育てることができるでしょう。

資産の取り崩しも、いっぺんに現金化するのではなく、積み立て時と同様に、毎月一定額または一定率を取り崩していくと、結果的に多くの金額を生活費に充てることができます。

ただし、**資産運用において欲を出すのは禁物**です。

人の欲望はキリがないため、「もっと増やそう」と思うほどに無茶な資産運用をしがちになります。結局は生活費を補填するための資金ですから、「投資期間は20年」などと考えておき、以降は運用状況を見ながら換金し、計画的に生活費や人生を楽しむお金に充てることもひとつの方法です。

PART 5 まとめ

支出を抑え、収入を増やすためのチェックポイント

- ☑ 親へ仕送りしている場合は、扶養控除を受けられるか確認する
- ☑ 退職金は老後の生活費などを考えたうえで計画的に使う
- ☑ ふるさと納税は節税にはならない
- ☑ 定期預金だけでは資金が目減りしてしまい、安心とはいえない
- ☑ 老後の生活費が心配なら、リスクを抑えた資産運用を行う
- ☑ 50代からでも資産運用は間に合う
- ☑ 資産運用をするならNISAやiDeCoを利用して税金を抑える

さ

あ

か

ま〜ら

英数字

た

な〜は

三原由紀（みはら・ゆき）
合同会社エミタメ代表、AFP。７年間の専業主婦を経て、正社員・パート・起業とさまざまなスタイルで働いた経験を活かし、ファイナンシャルプランナーとして独立起業。「プレ定年専門FP®」として、主に定年後の生活設計を専門に活動を行う。働き方・節税・老後資金の貯め方・資産運用など「役立つお金の話」を、講座や大手メディアのコラム連載などで発信している。著書に『書けば貯まる！ 今から始める自分にピッタリな老後のお金の作り方』（翔泳社）。

合同会社エミタメ オフィシャルサイト
https://ara50fp.com/

〈STAFF〉

イラスト	小倉靖弘
本文デザイン・DTP	竹崎真弓（株式会社ループスプロダクション）
編集協力	花塚水結（株式会社ループスプロダクション）
校正	西進社

いまさら聞けないQ&A
定年後に後悔しないお金の大正解100

2024年２月10日　第１刷発行

監修者　三原由紀
発行者　永岡純一
発行所　株式会社永岡書店
〒176-8518　東京都練馬区豊玉上1-7-14
代表 03（3992）5155　編集 03（3992）7191
製　版　センターメディア
印　刷　誠宏印刷
製　本　コモンズデザイン・ネットワーク

ISBN978-4-522-45422-0　C0133